Success15 fifteen

サクセス15
July 2013
7

http://success.waseda-ac.net/

■ CONTENTS ■

REGULAR LESSONS

未来の自分へ
夢よ届け!
パンフレット
お送りします!
●夏期講習会の
詳細はお気軽
にお問い合わ
せください。
夏期講習会
夏期講習会
新CM放映中!
CMソングは
フェアリーズの新曲です。
早稲田アカデミーイメージキャラクター
伊藤萌々香(フェアリーズ)
一流中学
高校受験
早稲田アカデミー

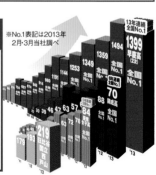

トウダイデイズ

現役東大生が東大での日々と受験に役立つ勉強のコツをお伝えします。

Vol.004

２年生のメインイベント「進振り」について

text by 平（ひら）

そろそろ憂鬱な梅雨の季節ですね。この時期になると、東大の新入生もようやく大学生活に慣れてきて、どことなく「大学生らしい」学生になります。

さて、今回は「進学振り分け」、いわゆる「進振り（しんふり）」についてお話しします。進振りは２年生のメインイベントともいえる重要なもので、東大の１・２年生はつねに意識しているイベントです。東大に入学したいと考えている人は絶対に知っておくべきことです。

一般的な大学では、受験の時点でなにを専門に学んでいくかがすでに決まっていますが、東大では決まっていません。大まかな分類として、文科・理科のⅠ類～Ⅲ類までの６科類から１つ選んで受験します。そして進振りによって、「２年生までの成績に応じて、３年生以降の専門分野が選ぶ」のです。

進振りでは、成績のいい人から順番に希望の学部に進むことができるのですが、成績に加え、科類が関係することが少々複雑です。

各学部には「指定科類枠」という枠があり、特定の科類からは進学しやすくなっています。とくにその傾向が強い学部として、医学部医学科があります。100人あまりの定員のうち、理科Ⅲ類からの「指定科類枠」が90人以上、理科Ⅱ類の枠が約10人あります。理科Ⅱ・Ⅲ類以外の科類から医学部医学科へ進学するには、「全科類枠」という残りの数人に入らねばなりません。しかも「指定科類枠」に入れなかった理科Ⅱ・Ⅲ類の学生も競争相手に含まれるので、進学は非常に難しく、理科Ⅲ類を再度受験する方が簡単ではないかといわれるほど狭き門なのです。

同様に、文科Ⅰ類からは法学部へ、文科Ⅱ類からは経済学部へ、というように基本的には行きやすい学部が決まっています。どの学部に進学したいかは、東大を受験するときから考えておかないと、入ってからが大変ですよ…。

成績も複雑な計算をして算出されます。進振り戦略を考えるうえでは、テストが難しくていい点が取れない講義は履修する人が少なかったり、逆に点が取れそうな講義には人が集まることがあります。

こうなると本末転倒で、１・２年生の時点で進学先を決めずに広く学ぶという目的が薄れてしまう気もするのですが、進振りには東大受験を突破した新入生が勉強をサボらないようにする効果もありますし、選択肢が多いのは嬉しいことですから一長一短というところです。

進振りは２年生の間に最大３回あり、各回で進学学部が決まらなかった人は、再度空いている枠へ挑戦するか、１年生の冬学期へ戻る「降年」をして１年後に進振りへ再挑戦することになっています。

大学での成績は、受験のように一発勝負のテストだけでなく、日々の学習状況なども判断に入ることが多いので、コツコツと勉強することがなにより大事になってきます。東大に入学したいと考えている人は、いまのうちからコツコツ勉強するくせをつけておくことが必要かもしれませんよ。

▶▶ **成績と科類によって左右される進振り**

学校を選ぼう

共学校 男子校 女子校のよさを教えます!

高校受験において、とても大切なことの1つに「どんな高校を選ぶか」ということがあります。その際の条件として「共学校か、それとも男子校・女子校か」ということも視野に入ってくるでしょう。

今回は、その「共学校・男子校・女子校」それぞれのよさをみなさんにご紹介します。

共学校

公立中学校は男女共学なので、それが当然のように思い、共学のよさを感じることは少ないかもしれません。そこで2008年に男子校から共学化した明治大学付属明治高等学校の坂口泰《やす》通《みち》副校長先生に、共学のよさについてお聞きしました。

明治大学付属明治高等学校
住所：東京都調布市富士見町4-23-25
TEL：042-444-9100
URL：http://www.meiji.ac.jp/ko_chu/

明治大学付属明治の先生に聞きました

共学校のよさ

男女それぞれの目が切磋琢磨の相乗効果に

異性の目があるからこそのブレーキ

明治大学付属明治高等学校では、中学・高校の多感な時期に、女性と男性が互いの価値観を認めあいながら協力して生きていくことの意義を学ぶことが大変重要であるとして、２００８年に男女共学化しました。現在高校からは男女約１００名の募集を行い、付属中学からの内部進学生と合わせて男女比は６：４になっています。

共学化当初は「これまで男子生徒ばかりと付きあってきたので、女子生徒にどう接すればいいか戸惑いました」と坂口先生は苦笑いされます。それでも、共学化に向けた先生方の万全の準備のおかげで、１期生から大きなトラブルもなく今年で６年目を迎えました。

男子校からの共学化ということで、坂口先生は、学校内での女子生徒の持つ「頑張る力」に驚かされるそうです。

「頑張り方は女子の方が男子よりすごいと思います。部活や行事などと勉強を両立する精神力や体力などは目を見張るものがあります。そうした女子に引っ張られて、いままで以上に男子も頑張るようになっています。男女での切磋琢磨を感じます。」

球技大会では男女いっしょに団結します

男子校時代と比べて、共学化した現在では、女子生徒がいることで、学校の雰囲気も変わってきています。

「男子校時代はだれもが気兼ねすることなく伸びのびとしていた雰囲気がありましたが、逆に甘えになっていた部分もありました。それが女子がいることで、いい意味で気を遣うようになりました。男女ともお互いの目を意識することでそれぞれにブレーキがかかっているのだと思います。学習面もそうですし、生活面でもそうですね。学校全体がソフトな雰囲気になったと思います。」

共学化しても受け継がれる明治のスピリット（文化祭）

共学化後も変わらない「質実剛健」の精神

昨年初めて生徒会長を女子生徒が務めました。今年の生徒会長も女子生徒です。男子校時代とは雰囲気が変わっても、そのなかでも変わらないこともあります。

「さまざまな行事、とくに紫紺祭（文化祭）や『明治』という名前が冠する行事については、男女の差もなく、ものすごく盛りあがります。男子校時代のうぉーっという激しさとは違いますが、男子も女子も、明治ファミリーが1つの旗に集まってくるような気概があります。そういうところは過去の情熱やエネルギーがそのまま継続的につながっていますね。」

時代が変化するように明治大から引き継がれている「質実剛健」の形も変わってきていますが、その精神は男女にかかわらず、共学になっても生徒たちの心のなかに息づいています。

そして、坂口先生はこう続けてくれました。

「球技大会のための練習を各クラスが校庭でまとまってやっているのを見ると、いいなぁ、と思いますね。そういう姿を見るとまさに青春だなと思います。昔ながらの男子だけとは違って、そういう時代になっているというか、これが普通になってきたのかなと思います。」

明治大学付属明治高等学校は、自分のやりたいことを尊重するという文化を残しつつも、共学校として異性の目があるからこそ、お互いに高めあうことができています。

坂口 泰通副校長先生

男子校

男子校というと、学校生活のさまざまな部分で「固い」イメージがあるのではないでしょうか。実際の雰囲気、そして男子校のよさはどこにあるのか、開成高等学校（以下、開成）で教鞭をとる藤村崇先生と矢口郁子先生に伺いました。

開成高等学校
住所：東京都荒川区西日暮里4-2-4
TEL：03-3822-0741
URL：http://www.kaiseigakuen.jp/

開成の先生に聞きました

男子校のよさ

人の目を気にせずとことんできる

周りの目を気にせずやってみる

男子校のよさの1つとして、矢口先生は「中高生の年代ではクラスの女子の目を気にして発言を控えたりすることもあると思いますが、そういう遠慮がなく、勉強面も含めて『めだったら恥ずかしい』という感情を持ちにくい」ところをあげます。

共学の公立中学校に通っている場合、男子だけの環境を想像しにくい受験生も多いと思いますが、むしろ「男子だけだからこそ、勉強にしろほかのことにしろ周りに相談しやすいし、本音で話しあえる関係が築きやすくなります」と、自身も開成の出身である藤村先生は言います。

思春期の年代では、男子は女子に比べて、めだったり、自分が先頭に立って物事を進めたりすることが苦手な人が多いですが、女子がいない環境であれば、気兼ねせず積極的にチャレンジすることができます。

「だれかの目を気にして途中でやめてしまうということが少ないですね。本校の雰囲気として、とことん最後までやれる、もしくはやれそうだなっていう可能性を生徒は感じやすいようです。」（矢口先生）

また、男子校といえば、勢いがある学校行事を持つ学校が多くあり、開成の場合は運動会が有名です。

「本校の運動会は団体競技が中心で、各学年にあります。棒倒しや騎馬戦など、最近ではあまり見られなくなっている激しい競技も行います。独自の競技としては綱引きではなく、綱を押して持ってくる『綱取り』や、1人では運べないような俵を転がして取りあう『俵取り』があります。こういった身体同士がぶつかりあうような激しい競技ができるところも男子校のよさではないでしょうか。」（藤村先生）

開成の運動会では男子同士ならではの激しいぶつかりあいが見ものです（写真は棒倒し）

こうした学校行事を運営する場合にも、男子ゆえの特性が発揮されると矢口先生。

「運動会や文化祭では、生徒たちの手で実行委員のトップが決められ、そこからピラミッド型に組織ができあがり、自分たちでルールもしっかりと作って、それに則ってそれぞれが動きます。組織立って動くのは男子の方が得意なのかなと感じています。」

一生の友だちを作る

深い友人関係を築くことができるのも男子校のいいところです。

「ある卒業生のお母さんから伺った話で、その卒業生が高1のときに『いまぼくは一生の友だちを作っているんだよ』と言っていたそうです。女子がいないなかで長い時間を過ごすことで、結びつきがすごく強くなるという面があります。また、少しマニアックであっても、似たような趣味の友だちも見つけやすいし、それを尊重する空気ができやすいですね。」（藤村先生）

「男同士、こいつはわかってくれているなという、言葉にしなくてもわかりあえる感覚は大きいようです。」（矢口先生）

男子だけだからこそ、勉強面はもちろん、学校行事、友人関係、趣味にいたるまで、充実した3年間を送ることができるのが男子校と言えそうです。

藤村 崇先生

矢口 郁子先生

みなさんは「女子校」にどんなイメージを持っていますか？　首都圏では高校募集がある女子校が減りつつありますが、その魅力を豊島岡女子学園高等学校（以下、豊島岡）の竹鼻志乃校長先生に語っていただきました。

豊島岡女子学園高等学校
住所：東京都豊島区東池袋1-25-22
TEL：03-3983-8261
URL：http://www.toshimagaoka.ed.jp/

豊島岡女子学園の先生に聞きました

女子校のよさ

ロールモデルがどのポジションにも

共学で過ごしてきた人にとっては、そもそも「女子校」という選択肢がなかった人も多いでしょう。竹鼻校長先生も「本校の学校説明会に来てみて初めて『あ、女子校っていいかも』と思っていただくことも多いです」と言います。

女子校は、人間関係も築きやすいようです。

「高校受験で入ってくる生徒は、みなさん将来に対する目的意識が高く、大人です。女子ばかりといっても知らない人同士だからお互いになじもうとするし、じつは人間関係についてはそれほど心配する必要はありません。」

どんなポジションにも女子がいる

そんな女子校の最大の魅力として、竹鼻校長先生は「ロールモデル（お手本）がどの立ち位置にもいる」ことをあげます。

「共学だと半分は男子ですが、女子しかいなければ、普段の授業にしろ、学校行事にしろ、あらゆるポジションを女子だけで役割分担することになります。ですから、生徒たちは先輩や同級生を見ながら『私はこういうことならできそうだ』と観察できます。そして、実際に経験することで自信と力が身につき、社会に出てから役に立ちます。行事ごとにリーダーは変わるでしょうし、それを支える立場の人たちも変わり、活躍の場がたくさんあるのです。」

共学であれば男子が担うような役割も自分たちで分担することで、初めから「これは自分の仕事じゃない」と思うのではなく、いろいろなことができる女性に成長していきます。

また、勉強面でも女子ならではの特性が活きるといいます。

「女の子は一般的にコツコツと積みあげていくタイプが多いのです。普

共学では男子が担うような力仕事もみんなで分担して行います（写真は桃李祭で打ち上げた気球の製作風景）

段の授業から小テストや、その追試験などを行いながらじっくりとサポートしていく学習スタイルは、男子がいっしょだと難しいこともあるのではないでしょうか。

　また、授業でも、自分1人がわかればいいや、ということにはならず、クラス全体で理解が進むような質問をしたりと、『チームワーク』を重視するのも女子の特徴ですね。」

お互いを認めあう環境

「女子校」は女子だけだからこそ、人間関係が固定化し、めだつ人の足を引っ張る、というようなイメージもあります。「そういうイメージも持たれがちですが、実際には『出る杭は打たれる』ということはあまりありません。高校生にもなると、女の子同士、お互いに個性を尊重する雰囲気ができやすく、安心して自由に過ごすなかで、ありのままの自分が表現できるのです。いろいろな場面で、先頭に立つ人がいれば、それを応援する人がいて、リーダーはそのことに感謝していくという関係ができていきます」と竹鼻校長先生は言います。

　ここにも女子校のよさが表れています。異性の目を気にする必要がないため、生徒それぞれの性格や趣味を認めあい、その結果、生涯の友を得ることもできるのです。

　「競争」から「共生」の時代へ、とも言われる現代だからこそ、人それぞれの個性を認め、さまざまな役割をこなすことができる女性を育てる女子校の魅力は、より輝きを増すのかもしれません。

竹鼻 志乃校長先生

共学校・男子校・女子校の出身者に聞きました。母校はこんなとこ！

共学校	N.Oさん 神奈川県立横浜翠嵐高等学校 →早稲田大
女子校	E.Sさん 慶應女子高等学校 →慶應義塾大
男子校	Y.Hさん 早稲田大学高等学院 →早稲田大

「友だち」

男女関係なく、いっしょになって行事や勉強に打ちこめる友だちができました。女子がいることで、ちゃんとしなきゃと思うこともあったし、男子だけではわからない視点に触れられたと思います。

3年間同じクラスで、みんな仲がよかったですね。男子だけなので気を遣うこともなく、なんでも話せる深いところで付きあえる友人ができました。

女子だけなので、裏表なくなんでも話せる友だちができました。みんな言いたいことを言いあうし、サバサバしている人が多い気がします。

「行事」

体育祭が一番盛りあがります。1～2年生がミュージカルダンスを踊り、3年生は6m×6mのパネルを点描画で4ヵ月以上かけて作ります。男女で協力して作りあげていく感じがよかったです。

文化祭が一番の大きなイベントです。このときだけは学校に女の子が来るので1つギアがあがります（笑）。自由な学校なので、企画などすべて生徒がやります。そこで自分たちが楽しみながらも、来てくれた人をどのように喜ばせるかをいつも考えていました。

演劇会や体育祭、文化祭など、行事はなんでも、みんな優勝めざして必死になって練習します。行事があるごとに本当にクラスが団結します。終わったあとにみんなで泣いちゃうくらいです。これは女子だけだからかなとも思いますね。

「オススメポイント」

自主独立というか、生徒主体の空気が流れていて、なんでも自分たちでやっていくので、体育祭や文化祭などの行事は充実感がありました。実際、社会に出てもそうですが、男女がいっしょにいることで、さまざまな視点や価値観を知ることができたと思います。

ほとんど校則もなく、自由な学校です。だれもが尊重しあっているので、自分の考えを言っても受け入れてくれるという安心感がありましたね。より深い、人生の糧となるような、たくさんの仲間ができました。

細かい校則はなく、生徒の自主性に任せられているので、自分たちがやりたいように考えてやることが多く、とても楽しい高校生活でした。少人数なので、先生と生徒との距離も近く、一体感があった気がします。

2013 東京西地区　私立中学校・高等学校

進学相談会

7月7日（日）

10:00～15:00

主催：東京西地区私立中学校・高等学校進学相談会実行委員会

後援：一般財団法人　東京私立中学高等学校協会

問い合わせ先：藤村女子中学・高等学校　TEL.0422-22-1266

会場：東京経済大学（国分寺駅より徒歩12分）

予約不要
参加無料

会場MAP　JR中央線・西武線　国分寺駅南口　徒歩12分

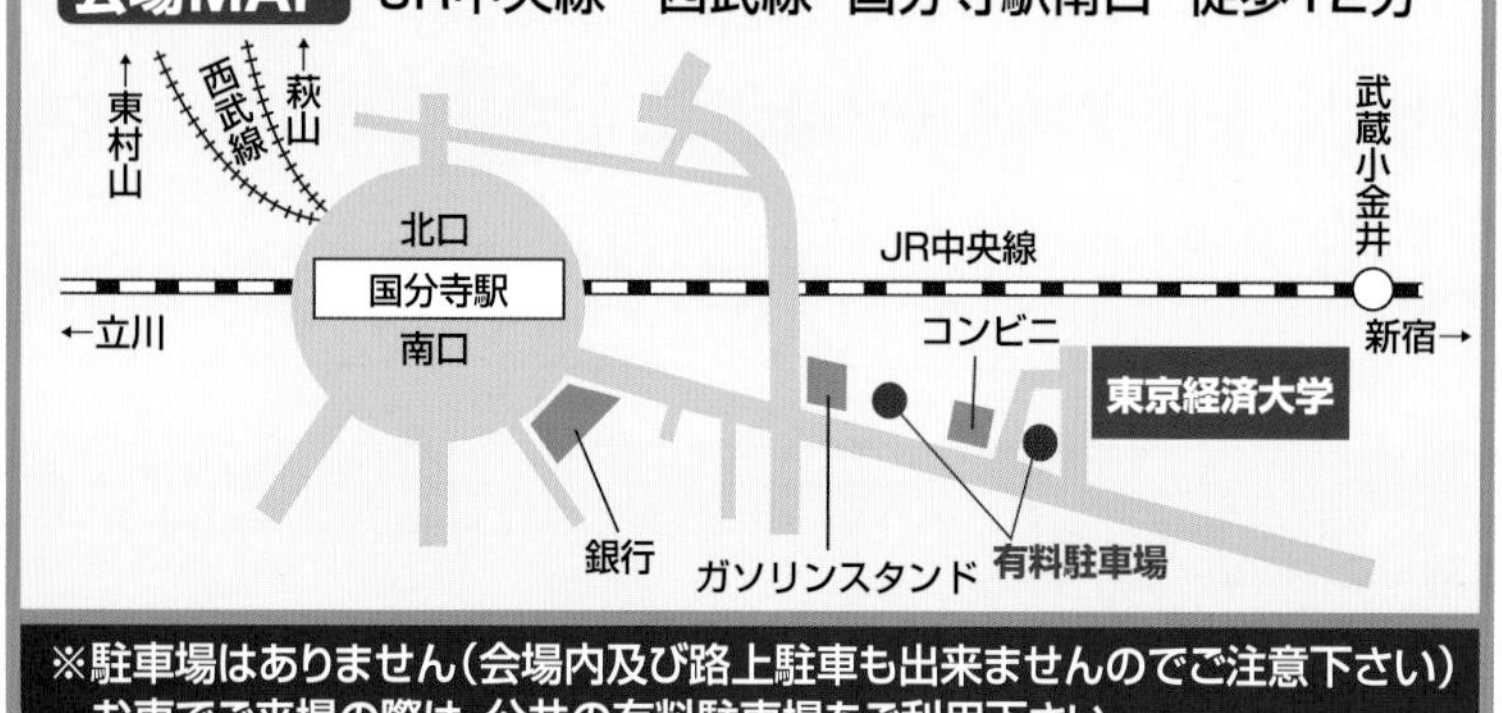

※駐車場はありません（会場内及び路上駐車も出来ませんのでご注意下さい）
お車でご来場の際は、公共の有料駐車場をご利用下さい。

私立中高83校
参加による
個別ブース相談形式

※参加校は裏面でご確認下さい。

CREATIVE LIFE STORE TOKYU HANDS

東急ハンズおすすめ

使ってナットク文房具

みんなはお気に入りの文房具を持っているかな？　毎日使うものだからこそ、使いやすく、気分も高まる文房具を選びたいと思う人は多いはず。そこで今回はさまざまな文房具を取りそろえている東急ハンズ池袋店の店員さんおすすめの文房具を紹介しよう。いま学生に人気の文房具は勉強がはかどりそうなものばかり。みんなも自分に合った文房具を探してみてはいかがかな?

東急ハンズ 池袋店
文房具売場
石《いし》井《い》優《ゆ》里《り》さん

使ってナットク

東急ハンズおすすめ文房具

三菱鉛筆株式会社

クルトガ ラバーグリップ付

682円

書くたびに芯が回転しとがった状態をキープするので、細くクッキリとした字で書き続けられる。「長時間の筆記に適したラバーグリップ付きなのも勉強にぴったりです。」（石）

コクヨS&T株式会社

鉛筆シャープ

189円

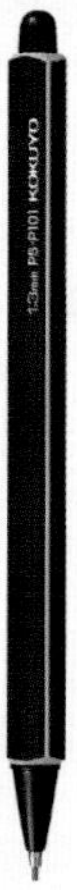

0.9mmと1.3mmの太めの芯が鉛筆のような書き心地のシャープペン。「書くときの負担が少なく、太芯で折れにくいです。三角軸の本体も持ちやすいです。」（石井さん：以下石）

ゼブラ株式会社

プレフィール4色ホルダー

210円
（リフィル別売63〜189円）

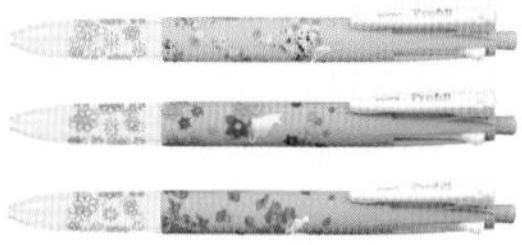

本体となかに入れる好きなインクを選べる多機能ペンのなかでも、プレフィールはリフィルの種類が豊富で自分好みの１本を作るのに最適。「線の太さも選べますよ。」（石）

三菱鉛筆株式会社

ジェットストリーム4&1

1,050円

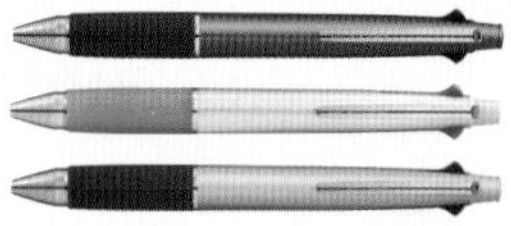

油性なのに水性ボールペンのようななめらかな書き心地。濃い発色と速乾性にも優れている。「書き心地のよさでファンの多い商品。カラーインクのものも人気ですね。」（石）

株式会社パイロットコーポレーション

フリクションボール スリム 038

189円

消せるボールペンとして大人気のフリクションのスリム&超極細0.38mmタイプが人気。「クリップがないデザインはペンケースに入れやすく、学生さんにおすすめです。」（石）

バニーコルアート株式会社

キラリーナ・ツイン

136円

２種類のペン先と濃淡の違う２色のカラーが１本になった水性マーカー。「色の濃さが異なるので重ね書きやふちどりも簡単にできます。見やすいノート作りに便利です。」（石）

ステッドラー日本株式会社

テキストサーファー ゲル

157円

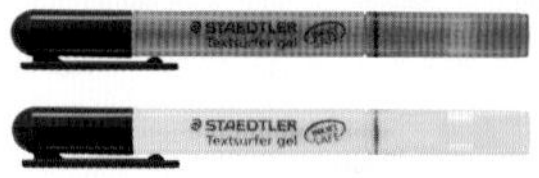

発色がよくなめらかな書き味の固形の蛍光マーカー。キャップを外したままでも渇きにくいのも便利。「クレヨンのような書き味は新感覚。裏移りもしないんですよ。」（石）

BICジャパン株式会社

BICブライトライナーテープ

210円

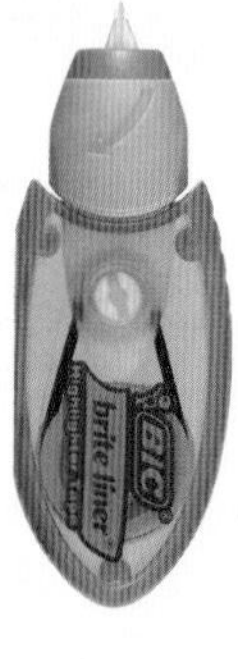

ありそうでなかったテープタイプの蛍光マーカー。汚れ・にじみ・かすれの心配がなくいつでも均一な線が引ける。「お客様の反応も大きく画期的な商品と言えます。」（石）

株式会社トンボ鉛筆

モノ2way

315円

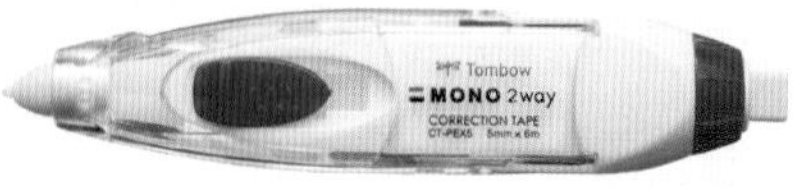

ペンケースのなかでかさばる消しゴムと修正テープを一体化したモノ２Way。上部が消しゴム、下部が修正テープ。「１個持てばどちらも使えるので便利です。」（石）

株式会社トンボ鉛筆

モノスマート

105円

ノートの罫線幅より薄い5.5mmの消しゴム。１行だけ消したいときに最適で、持ちやすいロングボディも魅力。「消しゴムはトンボ鉛筆・モノのシリーズが一番人気です。」（石）

株式会社トンボ鉛筆

ホルダー消しゴム モノゼロ丸形

367円

ペンのように見えて、じつは2.3mmの極細消しゴム。ピンポイントに消せる実力派。角型もある。「ノートや教科書の余白などに細かく書いた字も消しやすくおすすめです。」（石）

シャープペンシル
ボールペン
蛍光マーカー
消しゴム

単語帳

株式会社キョクトウ・アソシエイツ

しおりつき単語カード M

126円

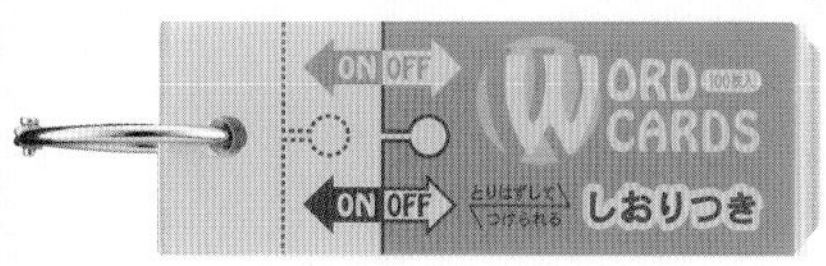

しおりつきの単語帳。しおりがあればいったん閉じたあとでもすぐ続きから勉強できて便利。「本のようにしおりが挟みづらい単語帳だからこそ、しおり付きは人気です。」(石)

株式会社レイメイ藤井

111SHEETSシリーズ 単語カード(幅広サイズ)

178円

文字を隠せる赤と緑のチェックシートつき単語帳。「単語だけではなく、例文や短い説明文も書き込める幅広サイズは、チェックシートで隠して勉強するのに使いやすいサイズです。」(石)

ノート

コクヨS&T株式会社

キャンパスノート(ドット入り罫線)

388円

罫線上に等間隔のドットが入っているノート。美しく見やすいノート作りが簡単にできる。「グラフや表を書くときにもドットを始点として使えるので便利ですよ。」(石)

ナカバヤシ株式会社

スイング・ロジカルノート

157円

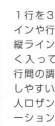

1行を3分割するラインや行と同間隔の縦ラインなどが細かく入っているので、行間の調整や作図がしやすい。「高学歴芸人ロザンとコラボレーションした商品です。」(石)

株式会社学研ステイフル

コーネルメソッドシリーズ B5綴じノート

241円

アメリカのコーネル大が開発した、紙面を3つのエリアに分けて使う方法を採用したノート。「はじめからエリア分けの線が入っているので便利。単語帳として使う方も。」(石)

その他

カモ井加工紙株式会社

mt マスキングテープ

147円～

貼ってはがせるマスキングテープは、ふせん代わりやノートの見出しなど、いろいろな使い方ができる。「柄の種類も豊富で、ノートに貼ってもかわいいです。」(石)

コクヨS&T株式会社

キャンパス ドットライナー フィッツ

252円

時間とともに粘着力が増すテープのり。貼ってすぐなら貼り直しもできるうえ、紙がふやけることもない。「紙をきれいに貼りたいという学生の声から作られた商品です。」(石)

プラス株式会社

デコレーションテープ デコラッシュ

294円

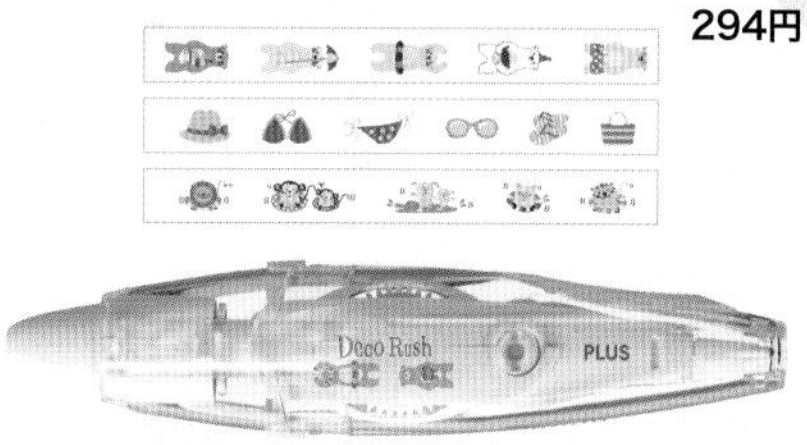

テープ感覚でイラストのついたラインを簡単に引いたりデコレーションできる。ノートのポイントに大活躍！「いろいろな種類の柄をまとめて買っていく方もいます。」(石)

Shop infomation

東京都豊島区東池袋1-28-10
東急ハンズ 池袋店6F 文房具売場
営業時間 10:00～20:30
TEL 03-3980-6111

買い物に来たお客さんに楽しんでもらうことをモットーに、店頭ではさまざまな方法で商品を紹介する企画を実施している。中学生や高校生も多く訪れるので、学生が楽しめる売場作りになっている。

株式会社カンミ堂

ココフセン

399円

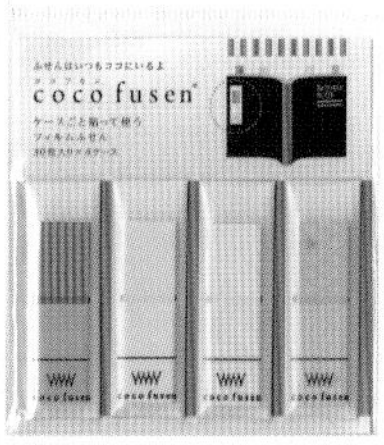

コンパクトなケース入りのフィルムふせん。ケースごとノートなどに貼って持ち歩くことができる。「ふせんを使いたいときにすぐに取り出せて便利です」(石)

SCHOOL EXPRESS

宝の原石を磨きあげる「人間形成と学力形成」

SAKAE HIGASHI

栄東高等学校

埼玉
さいたま市
共学校

宝の原石を磨きあげるように、生徒1人ひとりに内在する可能性を最大限に引き出す教育を行っている栄東高等学校。幅広い領域の基礎・基本を身につけ、さらに個性や応用力・表現力を育むための「アクティブ・ラーニング」によって、生徒が能動的に学ぶ授業を展開しています。

田《た》中《なか》 淳《じゅん》子《こ》 校長先生

生徒を磨きあげる教育「人間是宝」

東大宮駅から徒歩8分の場所に位置し、草花が咲き誇る広大なキャンパスを有する栄東高等学校は、1978年（昭和53年）に佐藤栄太郎先生により開校されました。1992年（平成4年）には、校名を現在の栄東高等学校に改称するとともに中学校を開校し、中高一貫教育をスタートさせました。開校以来男子校としてその教育を進めてきましたが、1994年（平成6年）には男女共学制となりました。

創立以来掲げる建学の精神は「人間是宝《これたから》」。人は1人ひとりが宝の原石であり、その原石を磨きあげて文字通りの「宝」とすることが教育の使命であるという意味が込められています。これを実践するための心かまえとして、「今日学べ」という校訓のもと、今日という一度だけの日を充実させることがすべての基本であるとして、意義ある学校生活を送ることを提唱しています。

社会で活躍するための「地頭力」を磨く

クラス編成は、3年間にわたり生徒の志望や習熟度に柔軟に対応して設定され、第1志望校現役合格へ向けて着実なステップを踏んでいきます。

中学から進級してくる一貫生とは、部活動や行事は混合ですが、授業は原則的に別のカリキュラムが用意されています。

1年次は入学試験の成績ごとに「東・医」、「α（アルファ）」、「AD（アドバンス）」の各クラスに分かれます。どのクラスも難関大現役合格に必要な学力が身につけられるようにカリキュラムが組まれています。なかでも「東・医」クラスは、東京大や国公立大医学部などの最難関大・学部をめざすための最上位クラスとして位置付けられています。

2年次になると文系理系および習熟度別にクラスは編成され、「東大理系・医学部」、「東大文系」、「理系」、「文系」に分かれます。

3年次には大学の入試形態に合わせ、「東大理系」、「東大文系」、「医学部」、「難関国公立」、「早慶」といった志望校別で文系・理系それぞれクラスが分かれます。

カリキュラムの内容は、近年高まる東京大や国公立大・理系志向を受けて、「リベラルアーツの探究」を理念としています。これは、社会のリーダーとなるものに求められる「広い視野」「柔軟な頭」「健全な判断」という3つの能力・資質の習得を重視するもので、各教科の学習を通して、幅広い領域の基礎・基本を育むことが目標とされています。

そして、単なる暗記事項の詰め込みではない、確かな理解によって育まれた徹底的な基礎力と、そこから生み出される柔軟な発想力、すなわち「地頭《じあたま》力」を磨いていきます。地頭力は最難関大合格に不可欠な要素であると同時に、社会で活躍するためのいしずえになると考えられています。

生きる力を培うアクティブ・ラーニング

「リベラルアーツの探究」を実践的に展開するための学習体制として、栄東ではアクティブ・ラーニング（AL）が行われています。

アクティブ・ラーニングとは、能動的・活動的な学習のことです。教師が一方的に生徒に知識を伝達する講義形式ではなく、生徒が能動的に取り組めるような内容をさまざまな教科で取り入れています。自ら見つけた課題を解決していく能動的な学びで、自律的な学習態度を身につけ

栄東祭・体育祭

上尾陸上競技場で行われる本格的な体育祭!!

栄東祭（文化祭）は中・高合同で行います。毎年大盛況の模擬店や、キャンパス内の茶室を使って行われる茶道部による実演などがあります。体育祭は上尾の陸上競技場でクラス対抗で行われます。

部活動

生徒の多くが参加している部活動は生徒の自己実現の場を広げています。アーチェリー部や水泳部・コーラス部など全国大会での活躍を見せる部活も多数あります。

コーラス部はディズニーシーでも演奏しました

USA Regional大会、ALL JAPAN CHEER DANCE大会に出場したチアダンス部

アクティブ・ラーニング

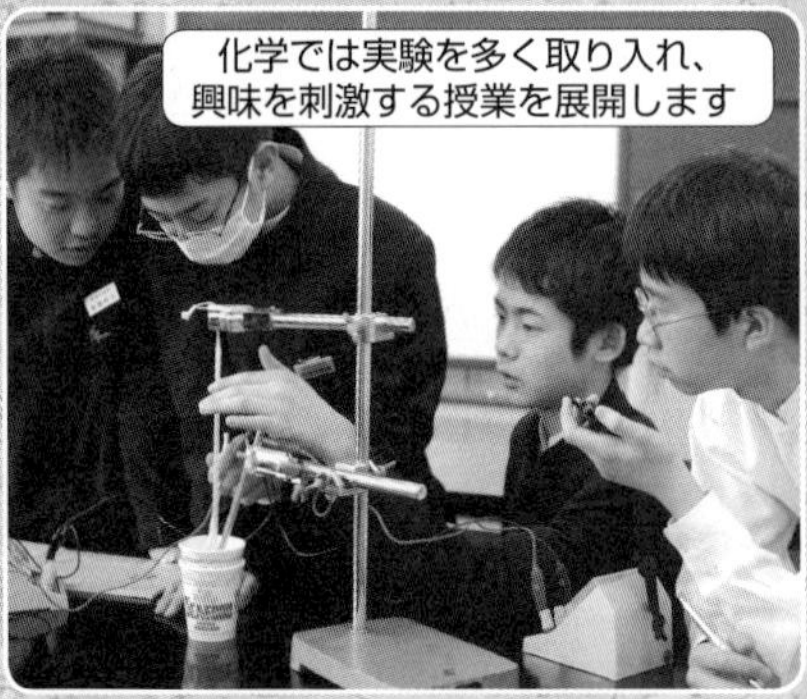

化学では実験を多く取り入れ、興味を刺激する授業を展開します

海外AL in アメリカ、ボストンの高校生と交流

サイエンス・パートナーシップ・プログラム

千葉大の教授と三宅島を巡検し、火山について学びました

気仙沼を巡検し津波について学びました

文部科学省のグローブ活動に参加したときのプレゼンテーションの様子

ることが期待されています。

　校内アクティブ・ラーニングとして、各教科に課題研究やグループワーク、ディスカッション、プレゼンテーションなどが盛り込まれているほか、校外アクティブ・ラーニングでは授業で学んだ知識をより深く定着させていきます。

　田中淳子校長先生はアクティブ・ラーニングについて、「各教科・部活動・進路指導のキャリア教育・校外学習や学校行事などでの取り組みをアクティブ・ラーニングの4本柱とし、それぞれ相互関係を結びながら、生徒の生きる力を培っていくことが目的です」と話されました。

　アクティブ・ラーニングによって期待されるのは、問題発見力や課題解決力、論理的思考力などの育成です。学びの基礎・基本のうえに個性や応用力・表現力を育み、大学や実社会で役立つ知識となるように働きかけます。

知識を定着させる さまざまな体験

　校外アクティブ・ラーニングの具体的な取り組みをご紹介します。

　1年次は河口湖、2年次は信州へ出向き、周辺環境や地形・歴史などに目を向ける学習を行います。そのため地歴・公民の授業では地形図や歴史に関する知識を前もって学び、実際その場を訪れたときに生まれる感動によって知識の定着をより確かなものにしています。

　2年次には、6泊8日のアメリカ（ボストン・ニューヨーク・ラスベガス）ALも行われます。

　実際に自身の肌で異文化に触れる体験は、事前学習とも相まって、世界と自己とのかかわりを見つめ直すきっかけを作ります。

「アメリカALは、校外アクティブ・ラーニングの真骨頂と言えます。ボストンの現地高校を訪れて現地生といっしょに授業を受けたときに、物怖じせずに堂々と英語を使って人前で話す本校の生徒の姿に、現地校の先生が驚いていました。」（田中校長先生）

　このALは、ニューヨークで世界規模の経済を知り、ボストン・ラスベガスで歴史と自然を感じる旅行です。

　また栄東は、文部科学省が推進するSPP（サイエンス・パートナーシップ・プログラム）に参加しており、宮城県の気仙沼市、岩手県の大船渡市を中心に、地震・津波研究活動を実施しています。

「研究のために以前訪れた東北の地が東日本大震災によって大きな被害を受けました。震災を受けて、生徒のなかには気象に関して日本の復興へつながるような研究をするために東京大へ進学した生徒もいます。自分が現在おかれている場所で行動を起こし、人の役に立つことこそアクティブ・ラーニングの目的の1つだと言えます。さまざまな活動を通して自分の生きる道を見つけていき、進路選択とも結びつけています。」（田中校長先生）

ゆとりある環境で行う 人間形成と学力形成

　進路指導は、教師と生徒の距離の近さが特徴です。1年次より面談を重ね、学習状況や不安に思う点を担任がこまめに相談に応じています。2年次では卒業生による進路ガイダンスを行い、自己実現を果たした先輩の体験談を聞く機会を設けて生徒の進路選択をサポートしています。

　最後に栄東が求める生徒さんについて田中校長先生に伺いました。

「自分に合った先生や友人を見つけ本校のことを好きになり、通いがいを持って、栄東で思いきり青春を過ごしてほしいです。3年後の卒業のときに、栄東に入学してよかったと思っていただける生徒さんを待っています。」（田中校長先生）

　広大なキャンパスに芝生や池が広がる栄東高等学校。生徒の心にゆとりを与える恵まれた環境のなか、「今日学べ」をモットーとした、人間形成と学力形成を行っています。

School Data

所在地　埼玉県さいたま市見沼区砂町2-77
アクセス　JR宇都宮線「東大宮」徒歩8分
生徒数　男子834名　女子408名
TEL　048-651-4050
URL　http://www.sakaehigashi.ed.jp/

3学期制　週6日制　6時限　50分授業
1学年14クラス　1クラス40人

平成25年度（平成2013年度）大学合格実績（　）内は既卒

大学名	合格者	大学名	合格者
国公立大学		私立大学	
東京大	12(3)	早稲田大	123(15)
京都大	1(1)	慶應義塾大	76(18)
一橋大	3(0)	上智大	29(5)
東京工大	5(3)	東京理科大	75(15)
東北大	7(3)	明治大	82(16)
大阪大	1(0)	青山学院大	22(4)
北海道大	3(2)	立教大	44(6)
国際教養大	3(0)	中央大	32(2)
神戸大	1(0)	法政大	63(8)
筑波大	6(1)	学習院大	16(4)
千葉大	26(2)	日本大	47(3)
その他国公立大	134(15)	その他私立大	405(54)
国公立大合計	202(30)	私立大合計	1014(150)

共学校　東京都　武蔵村山市

拓殖《たくしょく》大学《だいがく》第一《だいいち》高等学校

大きく、夢広がる場所

夢を見つけ　夢を広げ　未来を切り拓く

拓殖大学第一高等学校は、「心身共に健全で、よく勉強し、素直で思いやりある青年を育成する」を教育方針に掲げ、生徒1人ひとりに未来を切り拓くための力をつけることを目標にしています。2004年（平成16年）に現在の地・玉川上水に移転し建てられた校舎は、光に溢れ、清潔感と暖かさのある空間となっています。

生徒の夢を見つけ、それを実現していくために用意されているのが「特進コース」と「普通コース」の2コースです。どちらのコースも質の高い授業が展開され、1人ひとりの希望に合わせた受験対策で夢の実現をサポートしています。

「特進コース」は国公立大学への進学を目標とし、1クラス30人以内という少人数編成による密度の濃い授業と演習が特徴です。毎朝0時間目の小テストで学習習慣と知識の定着を図り、長期休暇には1コマ90分の集中講座が開かれることで授業進度を早めています。それにより受験で必要な記述・論述・の演習や実験・レポートの作成にじっくり取り組むことができます。

「普通コース」はオールラウンドな学力の養成をめざし、生徒の希望進路を実現します。系列の拓殖大学への推薦入学制度の利用だけではなく、難関私立大への進学を見据えたカリキュラムとなっており、選択科目によっては、国公立大学への受験も可能です。また第2外国語として、中国語・スペイン語を1年次から履修することができ、幅広い知識を得ることができます。2年進級時の編入試験に合格すれば、「普通コース」から「特進コース」への編入も可能です。

もちろん、学校生活は勉強ばかりではありません。修学旅行はオーストラリア、マレーシア、シンガポール、台湾など4コースから選択できます。希望制でニュージーランドでの約3週間の夏期語学研修や、提携校との長期交換留学制度など、国際理解教育も充実しています。また、陸上競技部や、チアダンス部など、多くの部が全国・関東大会で活躍しています。

拓殖大学第一では、拓殖大学の附属校ではありながら、拓殖大以外への4年生大学進学が7割超と、生徒は自分を見つめ、進路を決定しています。学校の手厚いサポートと生徒の努力の結果、現役合格率は85％を超えています。また、難関私立大学への進学者数も年々増えています。

拓殖大学第一高等学校は生徒の夢を大きく広げ、めざした未来へと力強く歩む生徒を育成しています。

School Data

所在地	東京都武蔵村山市大南4-64-5
生徒数	男子607名、女子684名
TEL	042-590-3311
アクセス	西武拝島線・多摩都市モノレール「玉川上水」徒歩３分
URL	http://www.takuichi.ed.jp/

女子校　東京都　世田谷区

佼《こう》成《せい》学《がく》園《えん》女《じょ》子《し》高等学校

1人ひとりの「Kosei＝個性」を育む

夢の実現を支える多彩なコース設定

佼成学園女子高等学校は、豊かな英語学習環境と多彩なコース設定が特徴の女子校です。「佼成」（人と交わって成る）という学校名の通り、人と人との心の深い交流を大切にしお互いに成長することを学校方針としています。

キャンパスは、京王線「千歳烏山」駅から徒歩6分、世田谷の閑静な住宅地のなかにあります。生徒からの人気も高い制服はオーソドックスなデザインのセーラー服で、セーラーカラーの白い3本線と濃紺のリボンが清楚で女性らしい印象を与えます。

1人ひとりの進路実現をきめ細かにサポートする佼成学園女子のさまざまなコースをご紹介します。

「特進文理コース」は、難関大合格をめざし、大学入試センター試験に対応した総合的な学力を身につけます。さらにこのコースでは、「文理クラス」と「メディカルクラス」があります。

「進学コース」は高2から文系・理系の選択授業を取り入れ、効率的なカリキュラムで大学進学を果たします。

「特進留学コース」は全員が1年間留学します。高1の1月からニュージーランド各地の高校へ2～3名ずつ分かれて留学し、英語力と人間力を高め、難関大をめざします。

School Data

所在地	東京都世田谷区給田 2-1-1
生徒数	女子のみ 583 名
TEL	03-3300-2351
アクセス	京王線「千歳烏山」徒歩 6 分
URL	http://www.girls.kosei.ac.jp/

英語の佼成
使える英語と合《う》格《か》る英語

すべてのコースで豊かな英語学習環境が完備され、英語教育の熱心さから「英語の佼成」として注目を集めています。特徴は、「使える英語」と「合《う》格《か》る英語」の双方から英語力を育むカリキュラムにあります。

「使える英語」は、実社会で役立つ英語でのコミュニケーション能力を身につけます。クラスを2分割したオーラルコミュニケーションは、外国人教師と日本人教師で密度の濃い授業を行います。また、高2での英国修学旅行や40日間の英国短期留学プログラムなど、英語力を発揮する機会も多く設けられています。

「合《う》格《か》る英語」は、大学受験のための英語力で、演習を繰り返し応用力を高めると同時に、勉強に対するねばり強さも得られます。さらに特筆すべき試みとして、「英検まつり」があります。これは、全校をあげて英検に取り組み、学校全体で楽しく競いあいながら成績を向上させていくというもの。難関大学合格率と、英検取得率の上昇につながる独自の取り組みです。

充実したカリキュラムと心の交流を大切にした人間教育により、個性を育み、夢を叶える学校です。

共学校

神奈川県立 横《よこ》浜《はま》翠《すい》嵐《らん》高等学校

渡辺《わたなべ》 英司《えいじ》 校長先生

世界も視野に入れた全人教育で時代をリードする人材を輩出

神奈川県公立高校随一の進学校である神奈川県立横浜翠嵐高等学校。来年で創立から１００周年を迎える伝統校は「大平凡主義」を掲げ、学力・人格ともに優れた人材を送り出し続けています。

創立99年を迎えた神奈川の伝統公立高校

横浜駅から徒歩20分。豊かな自然のもとに神奈川県立横浜翠嵐高等学校(以下、横浜翠嵐高）はあります。

１９１４年（大正3年）に県立第二横浜中学校として創立され、二度の校名変更を経て、１９５０年（昭和25年）に現在の校名になりました。２００７年（平成19年）に「学力向上進学重点教育推進校」に指定され、２０１３年で創立99年を迎えました。

校名の「翠嵐（すいらん）」とは、「山は緑で、吹く風は香しく麗しい」という意味の漢語表現です。これは、翠嵐高校のある三ッ沢の丘の情景を表しています。

校訓には「大平凡主義」が掲げられ、「当たり前のことを当たり前に行う」という常識的な判断や行動のできる社会性豊かな人材の育成がめざされています。

この教育目標のもと、渡辺英司校長先生は、生徒によく話されることとして次

体育祭

4つの団に分けて競いあいます。応援合戦もあり、学校全体が最も盛りあがる学校行事です。

翠翔祭（文化祭）

文化部の発表や展示が中心です。

の3つをあげました。

「1つ目は強いリーダーになろうということです。ただそれだけではなく、強くて他人の痛みがわかるリーダーです。2つ目は、何事にも妥協をしないで最善を尽くそうということです。大学入試でも、安易に流されず、最後まで高い目標に向って挑戦してほしいのです。そして3つ目は、横浜翠嵐高の友人を大切にしてくださいということです。高校時代というのは、10代の一番すばらしい時期を過ごしますので、本校で多くの友人を作ってもらいたいと思っています。」

新カリキュラムのもと同じ志向の仲間と切磋琢磨

横浜翠嵐高では、4月初頭に新入生を対象とした「学習オリエンテーション」を行っています。ここで3年間の学習ビジョンが新入生に示され、《高校での学習の仕方》を学ぶことになります。授業を大切にすること、予習・復習の重要さ、家庭学習の時間を授業プラス2時間とする、といったことがその内容です。

「本校に入学してくる生徒は学力はしっかりしています。しかし、受身の学び方になっている生徒が比較的多く、創意工夫や自分で勉強することが苦手です。そこで、入学したばかりの生徒に、翠嵐での学びについて知ってもらおうと、この『学習オリエンテーション』を行っています。」（渡辺校長先生）

横浜翠嵐高の授業は95分をベースとして、一部45分授業も組み込みながら各教科・科目の特性を活かし、じっくりと学ぶことができる授業が展開されています。例えば理科の授業では、95分あれば実験の準備から実験、検証、後片付けまで余裕を持って行うことができます。

カリキュラムは、2012年度（平成24年度）から、1年次は音楽Ⅰ・美術Ⅰの選択科目以外はすべて共通で、2年次から文系クラスと理系クラスに分かれる形に改編されました。

3年次には文系クラス・理系クラスともに必修科目に加えて、進路方向によって必要な選択科目を履修します。クラス替えは毎年行われます。

新しいカリキュラムについて、渡辺校長先生は「この新カリキュラムで文系と理系に分かれる形にはなっていますが、必修科目が多く、文系であれ理系であれ、満遍なく基礎学力をつけるという姿勢や全人教育をめざすことに変わりはありません。あくまで同じ志向を持つ生徒同士でより切磋琢磨していくところに重きをおいています。新カリキュラムは今年度の2年生から始まったばかりですので、これからさらに検証し、予備校に行かなくても難関大学合格が十分可能になる教育課程を作っていきます」と説明されました。

習熟度別や少人数制をうまく取り入れた授業体制

カリキュラムを変更する一方、平常授業では習熟度別や少人数制授業を効果的に取り入れ、さらに各種の補習・講習が行われています。

習熟度別授業は、数学や英語において、学年の人数に応じて1クラス2展開や2クラス3展開で実施されています。3年次には、英語のライティングで2クラスに分かれる少人数授業も行われています。

平日には、学校として制度化されているわけではありませんが、補習や講習が行われたり、職員室の前に長机が並べられていて、そこで生徒が先生に質問をする光景が日常的に見られます。

土曜日には「土曜講習」が開講されています。年間を3期に分け、各期5日の講座が用意されます。基本的には午前中を中心に1コマ50分で、1日に4コマ設定されていますが、教科やその内容によって時間配分などは柔軟に対応されます。また、夏期講習・冬期講習も各学年に対応してさまざまな講座が用意されています。3年生対象には、前期・後期以外にも大学受験に特化した講習が開講されます。

自習室には60個の個別ブース型デスクが配置されています。受験は団体戦という体制が、自学自習するなかで作られています。

国際理解教育に力が入れられているのも特色でしょう。将来は国内外で幅広く活躍する人材を育てたいとの目標から、生徒が国際感覚を養うことができる機会を数多く用意しています。

1989年（平成元年）には、アメリカのメリーランド州エレノア・ルーズベルト高校との間に、姉妹校提携が結ばれました。それ以来、毎年のように相互訪問を行い、1週間ほどのホームステイと通常授業への参加、記念行事の実施、部活動への参加などを通じて、親善と友好が深められてきました。

また、ASEAN諸国やオセアニアから短期の留学生をゲストに迎えたり、神奈川朝鮮中高級学校との交流、国際理解教育講演会、外国大使館の訪問が実施されています。こうした活動は、国際交流委員会の生徒たちが中心になって行われています。

海外への進学も見据えた人材に将来を考えさせる進路指導

大学合格実績では、3年生の半数近くが国公立大学に合格するという見事な実績をあげています。

大学進学について渡辺校長先生は「本校ではグローバルに活躍できる人材を育成したいと思っていますし、世界の大学に挑戦して、そのなかで活躍できる人間

修学旅行

2年次に沖縄を訪れます。平和学習と自然体験が中心です。

国際交流

アメリカ・メリーランド州にあるエレノア・ルーズベルト高校と姉妹校提携を結んでおり、毎年相互訪問を行っています。

球技大会

クラスごとの対抗戦で、年に2回行われます。1回目は学年で、2回目は学年を超えて対戦します。

部活動

部活動には9割以上の生徒が参加し、運動部、文化部ともに活発に活動しています。

になってほしいと考えています。これからの時代は、例えば本校の卒業後に日本の大学ではなく、アメリカのハーバード大学へ進学するようなことがあってもいいと思います」とさらなる目標について話されました。

その進路指導は、総合的な学習の時間に、1年次から将来の職業を視野に入れたテーマ研究が進められているのが特色です。定期考査・校内実力テスト・全国模試などの資料を集めた「個人カルテ」は、進路を考えるにあたっての重要な資料となります。

また、大学別ガイダンスや保護者向け進路説明会も行っています。とくにキャリア教育としては、1・2年生を対象に『分野別職業講話』を実施しており、生徒の見聞を広げる貴重な機会となっています。

考える力が問われる自己表現検査

2013年度から、神奈川県の公立高校入試制度が変更されました。独自問題・特色検査がなくなった横浜翠嵐高の入試では、学力検査と面接のほかに「自己表現検査」が行われます。この検査では、教科横断的な考える力が求められます。渡辺校長先生は「『自己表現検査』では、みなさんの持っている深い力、伸びようとする力をみたいと思っています。また、『大平凡主義』が教育の柱ですので、学力があるということは当然なのですが、何事にも全力を尽くし、また一方で、お年寄りが来たらすっと席を譲れるような、人間的にも優れた生徒さんに来てほしいですね。そして、本校の3年間でさらに力を伸ばしてほしいと思います。」

School Data

所在地	神奈川県横浜市神奈川区三ツ沢南町1-1
アクセス	JR線・東急東横線・京浜急行線・相模鉄道・横浜市営地下鉄ブルーライン・みなとみらい線「横浜」徒歩20分またはバス、市営地下鉄ブルーライン「三ツ沢下町」徒歩12分、東急東横線「反町」徒歩18分
TEL	045-311-4621
生徒数	男子544名、女子365名
URL	http://www.yokohamasuiran-h.pen-kanagawa.ed.jp/zen/zen.html

✣2学期制　✣週5日制（土曜講習あり）
✣95分授業×3時限+45分授業×1時限
✣1・2年8クラス、3年7クラス　✣1クラス40名

2013年度(平成25年度)大学合格実績(　)内は既卒

大学名	合格者	大学名	合格者
国公立大学		私立大学	
北海道大	5(1)	早大	144(41)
東北大	6(1)	慶應大	90(15)
筑波大	5(1)	上智大	44(3)
千葉大	5(2)	東京理科大	62(25)
お茶の水女子大	1(0)	青山学院大	22(2)
東京大	17(7)	中大	19(3)
東京医科歯科大	2(1)	法政大	16(5)
東京外語大	6(1)	明大	121(19)
東京工大	16(4)	立教大	38(6)
東京農工大	1(1)	学習院大	3(0)
一橋大	7(0)	国際基督教大	2(0)
横浜国立大	34(11)	津田塾大	4(0)
横浜市立大	11(2)	東京女子大	10(0)
京都大	5(1)	日本女子大	8(2)
その他国公立大	35(16)	その他私立大	88(22)
国公立大合計	156(49)	私立大合計	671(143)

和田式教育的指導

時代が変わっても受験の最終目標は一流大学への合格である

みなさんが受験勉強をして、最終的に勝ちとるのは一流大学への切符です。現在、特別に秀《ひい》でたなにかがないのであれば、大学は一流大学をめざした方がいいでしょう。なぜ一流大学がいいのか？　今回は、「一流大学のメリット」についてです。

一流大学だからこそできるネットワーク

　私は、一流大学への進学を最終目標とするべきだといつも言っていますが、日本で一流大学と呼ばれる大学、例えば東大に入ったからといって特別な教育が受けられるわけではありません。もちろん、多くの優秀な教授による講義などそこでしか受けられないものもあります。しかし、他の大学と比較して、特別優れているというわけではありません。

　アメリカやイギリスなど、外国の大学では明確なエリート教育を行っていますが、日本ではそうしたエリート教育は行われていません。

　それでは、東大など一流と呼ばれる大学に入るとなにがいいのでしょうか。そのメリットの1つに、さまざまな分野で熱意のある人たちと知りあえるという点があります。

　東大などの一流大学には、各地から秀才が集まってきています。そういう人たちの多くは、卒業後、官公庁や日本経済を支えるような場所で活躍していたり、自分で起業しようと意欲を持っている人が多くいます。優秀な人は、フットワークが軽く、ネットワークも広いというのが、私が東大にいたときの実感です。

　大学という場のなかで、そうした

Hideki Wada

和田秀樹

1960年大阪府生まれ。東京大学医学部卒、東京大学医学部附属病院精神神経科助手、アメリカのカールメニンガー精神医学校国際フェローを経て、現在は川崎幸病院精神科顧問、国際医療福祉大学大学院教授、緑鐵受験指導ゼミナール代表を務める。心理学を児童教育、受験教育に活用し、独自の理論と実践で知られる。著書には『和田式　勉強のやる気をつくる本』（学研教育出版）『中学生の正しい勉強法』（瀬谷出版）『難関校に合格する人の共通点』（共著、東京書籍）など多数。初監督作品の映画「受験のシンデレラ」がモナコ国際映画祭グランプリ受賞。

人たちとの交流を通して、自分の将来の道を考えることができることは大きな刺激になります。

一流大学の肩書きで得をすることもある

現在のように、学歴が関係ない時代だとどれだけ言われても、現実的には人の見る目は意外と変わっていません。

少し、俗っぽい話になりますが、一流大学出身ということで、「優秀」だと思われることは実際に多くあります。それをどう捉えるかは良し悪しですが、その結果、自分がなにかにチャレンジしようとしたときのハードルの高さ、やりやすさが変わってくるのです。

私は学生時代にさまざまなイベントを行いましたが、そうしたイベントを行うときなども、「東大生」ということで多くのマスコミが取り上げてくれました。東大などの一流大学の学生は、ある種の色眼鏡で見てもらえるわけで、それにより得をすることもあるわけです。

一流大学で広がる職業選択の幅

これまでは、東大を卒業して就職すれば、定年退職まで身分が保証されていました。それがいまでは、東大を出ていてもリストラされてしまう世の中です。

しかし、どのように時代が変わろうとも、社会への入り口として一流大学には多くの切符があるのは事実です。

私が『受験のシンデレラ』という映画を作ったとき、東大に入ったからといって幸せになれるのか？　という批判がありました。映画のなかで、主人公の女の子は、有能な塾の先生の指導を受けながら、努力してみごと東大に合格します。

もし、この主人公がなんの目標もなく高校を中退していたら、社会に出てからいろいろなハンディを覚悟しなければならなかったでしょうし、仕事に就けても、学歴により待遇に差があったり職業選択の幅も限られてしまいます。

必ずしも官僚の道や一流企業の道を選ばなくても、一流大学を卒業することで、好きな職業を選ぶことができます。それが一流大学であるほど、チャンスは広がるのです。

医学部を出て、医者の資格を持ちながら、小説家になっている人もいますし、知人には指揮者を続けるために、週2回は医者をやって生活費を稼いでいる人もいます。つまり、学歴があった方が、職業の選択肢がずっと増えるということなのです。

自分がなにになりたいか、明確になっている人はいいですが、まだよくわからない人は、一流大学に進学することをお勧めします。

※このページは35ページから読んでください。

5. 嘘をつかないことが大切だ。
It is important [a, to, for, not, lie, you, tell] .

まず1から始める。

My uncle が主語で、次には動詞（＝くれました）を置く。動詞は gave だね。

gave は「gave+ だれそれに＋なになにを」というふうに目的語を2つ（だれそれ・なになに）必要とする。

だれそれに＝私に＝ me

なになにを＝自分の古いカメラを＝ an old camera of his

この問題でひっかかりやすいのは、「自分の古いカメラを」を「an his old camera」などと誤ってしまうことだろう。これでは、of が余ってしまう。

《his は a、an、this、that、no などといっしょに名詞の前に置けないため、of his として名詞の後に置く》というルールを知っているだろうか。

an his old camera という並べ方はできないのだ。それで an old camera of his とするというわけなのだ。

解答 1. My uncle gave me an old camera of his.

続いて2。

全体の主語と動詞が最初に明らかになっている。「トムは言いました」だね。

トムの言った「このコンピューターはどこかおかしい」の主語は computer だが、それをそのままうのみにするとひっかかる。

[ ] のなかに there と was があるのに気づいただろうか。「このコンピュータはおかしい」というのは、「このコンピュータにはおかしいところがある」と言いかえられる。いや、英語ではこういう言い方の方がはるかに多い。

「おかしいところがある」は、there is wrong だね。「どこかおかしい」は something wrong だ。この2つを合わせると、

there is something wrong

となる。「このコンピューターには」は with this computer だから、これを付け加えると、there is something wrong with this computer となる。これで、全文は以下のようになる。

Tom told me there is something wrong with this computer.

最後に気をつけるのは**時制の一致**だね。主文の動詞（文章全体の動詞）が tell の過去 told だから、is も過去の was にしなければならない。

解答 2. Tom told me there was something wrong with this computer.

3も英語っぽい言い方ができるかどうかという問題だ。

「道を使う」というのを英語でなんと言うか、知らない人には難しいね。

この道を使えばその病院に着く

↓

この道を行くとその病院に着くだろう

↓

この道がその病院に着かせる（到着させる）だろう

↓

この道がその病院に（君を）連れていくだろう

というふうに頭が回れば、"日本語頭"が"英語頭"に切り替わる。

「この道がその病院に（君を）連れていくだろう」を英語らしく並べると、「この道が　連れていくだろう　君をその病院に」になる。

この道が＝ This road　連れていくだろう＝ will take

君を＝ you　その病院に＝ to the hospital

解答 3. This road will take you to the hospital.

最後の最後は5だ。5を見て、おや？　と思わないかな？　It is important って、最初の青山学院の問題に出てきたね。it 〜 for ≈ that…という文の型だ。

でも、この5の問題には that がない。そう、これは it 〜 for ≈ that…の親類で it 〜 for ≈ to…という型なのだ。それを頭において考えるとよい。

嘘をつく＝ tell a lie

嘘をつくこと＝ to tell a lie

（こういう to tell は不定詞といって、「つくこと」という名詞と同じになる）

嘘をつかないこと＝ not to tell a lie

嘘をつかないことが大切だ

＝ It is important not to tell a lie.

これに it 〜 for ≈ that…を思い出しながら、残っている for と you を加えると、

It is important for you not to tell a lie.

となるね。

解答 5. It is important for you not to tell a lie.

では、これで終わりにするが、it 〜 for ≈ that…と it 〜 for ≈ to…を忘れないでほしいなぁ。it 〜 for ≈ not to …まで頭に染み込んだとしたら、来年の入試で「出た〜っ」と喜べそうだよ。

編集部より

正尾佐先生へのご要望、ご質問はこちらまで！

FAX：03-5939-6014　e-mail：success15@g-ap.com

※高校受験指南書質問コーナー宛と明記してください。

解答 (b) diary

続いては (c) だ。

When we want to keep or borrow money, we go to a [b] .
＝私たちがお金を貯めたり借りたりしたいときには、[b] へ行く。

これはすぐにわかるだろう。「お金を貯めたり借りたりだから、郵便局だ」なんて言ってはいけない。郵便局なら、post office だから、initial (＝頭文字《イニシャル》) は b ではないぞ。

あ、そうか。keep を「貯める」と訳したのがまずかったね。「預ける」の方がよかった。「お金を預けたり借りたり」と訂正しよう。郵便局、正確に言うと、ゆうちょ銀行ならば、貯金と言うのだが、ほかの銀行は預金だね。

[b] は銀行だ。

解答 (c) bank

(d) も難しくない。

A [c] is a large building with high walls and towers built in the past by kings or queens.
＝ [c] は、昔、王や王妃が建てた高い屋根と塔のある大きな建築物だ。

「王や王妃が建てた」というのだから、お城だね。城は castle だ。

なに？ 違うって？ 「城を建てたのは建築技師や大工さんで、王様や王妃様はお城に住んだだけだ。「built ～ by kings or queens」でなく、「lived ～ by kings or queens」としなければいけないだって？

なるほど、確かにそうだね。しかし、イニシャルが c の建物で、王とかかわりの深いのは castle だね。

解答 (d) castle

おや、正解についておもしろくなさそうな顔をしているな。それでは、(d) を少し変えてみよう。

(d)' A [c] builds houses and buildings.

これならどうだい？ 正解は大工さん、carpenter だ。

最後に (e) だ。これはかなり難しい。[f] は高校入試の基礎単語とは言えないし、説明の英語文も易しくないから、わからなくてもかまわない。でも、これが答えられる人は、高校へ進んでも英語の授業を楽しいと思うはずだ。

A [f] is a piece of cloth with a special design and it may be the symbol of a particular country.
＝ [f] は特別なデザインの１枚の布であって、特殊な場所の標識であることもある。

「１枚の布」で、「特殊な場所の標識」というのだから、特殊な場所にあるものだね。特殊な場所というのは、ほかとは異なる場所だ。そういう場所を思い浮かべてみよう。

例えば、普段はよくある場所なのに、あるときに突然、異なる場所になることがある。君の近所にもそういう場所が出現しないかな？

普段はただの道路だ。人が通り、車が通る道路だ。ところが、ある日、不意に通れなくなった。水道か電気かなにかの工事らしく、通行が遮断されて、遠回りをしなければならなくなった。工事中という看板が置かれ、さらにめだつように、黄色い旗を持った人が通行の整理をしている…。そこは「特殊な場所」になってしまったのだ。そして、看板と旗がその「特殊な場所」を示している。

もうわかっただろう。看板は signboard だが、旗は flag だ。

解答 (e) flag

ここまで読んできて、不安になってきた人もいるだろう。「いまの自分の単語力で、大丈夫だろうか」と、急に寒気がしてきたかもしれない。そういう人は、直ちに次のことを実行しよう。

①中１と中２の英語の教科書に出てくる英単語を覚えているかどうか、確認する。

②意味の思い出せないものがあれば、すぐに (必死になって) 覚える。

③スペルを覚えていないものも、もちろん、何度も書いて頭、いや手に叩き込む。

まず、このように中１と中２のときに教わった英単語をマスターしないと、高度な英文を読もうとしてもできないだろう。

では、気を取り直して、最後に鎌倉学園の問題を解いてみよう。

次の日本語の意味を表す英文となるように、[ ] 内の語を並べ替えなさい。

1. おじは私に自分の古いカメラをくれました。
   My uncle [an, old, of, gave, his, me, camera] .
2. このコンピューターはどこかおかしいとトムは言いました。
   Tom told me [wrong, was, this, there, computer, something, with] .
3. この道を使えばその病院に着くよ。
   This [hospital, to, the, road, take, will, you] .
4. (省略)

culture of other countries」は後まわしにしてしまうんだ。

最初に「それはとても大切だ（= It is very important）」と言う。すると相手は「それ（= it）って、なに？　なにがとても大切なの？」って聞き直したくなるね。そこで、すかさず、「よその国々の文化を理解すること（= that understand the culture of other countries）」って付け加えるんだよ。つまり、

It is very important **that** understand the culture of other countries.

って言うんだ。これが、「it 〜 that…」という文の型だ。さらに、「君が理解することが大切だよ」って言いたいときには、「君にとって理解することが大切だ」と、こんなふうに言うんだ。

It is very important **for you** **that** understand the culture of other countries.

これが it 〜 for ≈ that…という文の型だ。上の英語文の for you のところに for them を入れて取りかえると、

It is very important **for** them that understand the culture of other countries.

となる。で、1の英語文は、

It is very important **for** them understand the culture of other countries.

2つを比べると、「that」が抜けていることがわかる。1は「it 〜 for ≈ that…」の知識を確かめる問いだとわかる。

解答　1. them　that　understand

次は3だ。これは、1よりも簡単だ。文の型ではなく、句の知識を確かめる問いだからだ。

Luckily,	we	able	to eat	at	my
運よく	私たちは	できる	食べること	で	私の

favorite	restaurant	yesterday.
お気に入りの	レストラン	昨日

「できる」は「can」の他に「be able to」という言い方があるのを知らない中学生はあまりいない。絶対、絶対、絶対に間違ってはならない問いだ。

「もちろ〜ん、知ってるよ。答えは we　be　able だ！」などと、粗忽《そこつ》なことを言わないでほしい。

can = be able to

can answer = be able to answer

wa can answer = we are able to answer

そして yesterday があるから過去形だね。

解答　3. we　were　able

ん？　いくら基礎といってもやさしすぎる、もっとムズいのをだって？　わかったわかった、じゃぁ、ほんの少しだけ難しくしよう。桐光学園の問題だ。

次の（a）〜（e）の文の［　　］に入れるのに最もふさわしい語をそれぞれ答えなさい。ただし，［　　］に与えられた文字で始めること。

（a）To go［ a　　］means going to a foreign country.

（b）We write down the experiences we have each day or our private thoughts in a［ d　　］.

（c）When we want to keep or borrow money, we go to a［ b　　］.

（d）A［ c　　］is a large building with high walls and towers built in the past by kings or queens.

（e）A［f　　］is a piece of cloth with a special design and it may be the symbol of a particular country.

まず（a）から始めよう。

To go［ a　　］means going to a foreign country.

=［ a　　］へ行くことは外国の土地へ行くことを意味する。

う〜ん、ちょっと難しいかな。［ a　　］は『外国へ・海外へ』という語だが、abroad って知らなかったかな。

abroad も foreign も同じような意味だ。だが、品詞が違う。文のなかでの働きが違うのだ。abroad は副詞で、動詞（や形容詞や他の副詞）を説明するんだ。

上の文の場合、go だけならどこへ行くのかわからない。それで、「go するんだよ、abroad へね」というふうに付け加えるんだ。

foreign の方は形容詞だ。名詞を説明する言葉だよ。上の文も、「going to a country 土地に行くこと」と言うと、「土地って、どこ？」と言われるだろうから、「going to a foreign country 外国の土地に行くこと」と説明しておくわけだね。

解答　（a）abroad

次は（b）だ。

We write down the experiences we have each day or our private thoughts in a［ d　　］.

=私たちは、毎日する体験や個人の考えを［ d　　］に書きとめる。

毎日したことや思ったことをなんに書きとめるだろうか？　そう、日記だね、ダイアリーだね。

※このページは35ページから読んでください。

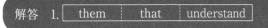

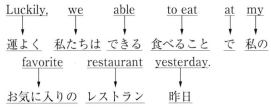

教育評論家 正尾 佐の

高校受験指南書

【七拾九の巻】
今年出た基礎的な問題２

英語

「今年出た基礎的な問題」シリーズの２回目は英語にしよう。前号の数学は東京・神奈川・千葉・埼玉の公立高校を取り上げげたので、今号は私立高校にするよ。

青山学院の問題が、基礎力を確かめるのにちょうどよい出題だ。さあ、君もトライしてみよう。

> 各文には抜けている単語が１つあり、文法的に間違っています。抜けている単語とその前後の単語を解答欄に書きなさい。以下に例を示します。
>
> 例　Tokyo is bigger Kyoto.
>
> | bigger | than | Kyoto |
> |---|---|---|

例をしっかり見て、解答のしかたを確認しないとケアレスミスを犯してしまうぞ。

例の Tokyo is bigger Kyoto. には、big でなく bigger が用いられているね。比較文で、『東京は京都よりも大きい』という意味だ。ものすご〜く易しく説明するとこうだ。

英語文を日本語文に対比すると、

Tokyo is bigger Kyoto.
↓　↓　↓　↓　↓
東京 は 大きい 京都 よりも

あれ？　「よりも」に対応する英語がないぞ？　そうだ、それが「抜けている単語」だ。「よりも」は than だ。ということがわかれば、

［bigger］［than］［Kyoto］

という答え方がのみこめる。比較文は、

A is 〜 er than B

という文の型を知っている人には易しすぎるね。では、問題に取り組もう。全部で10問あるが、そのうちの２つを選んでみた。

> 1. It is very important for them understand the culture of other countries.
>
> 2.（省略）
>
> 3. Luckily, we able to eat at my favorite restaurant yesterday.

まず、１からだ。

It is　very　important　for　them　understand
↓　↓　↓　↓　↓　↓
それは　とても　大切だ　とって　彼らに　理解する

the culture　of　other　countries.
↓　↓　↓　↓
文化を　の　よその　国々

日本語を少し並べかえてみよう。

それはとても大切だ　彼らにとって　文化を理解する　よその国々の

さらにもうすこし整えよう。

それは彼らにとってとても大切だ　よその国々の文化を　理解する

これで、文の意味は大体わかる。「外国の文化を理解するのは大事だ」ってことだね。「それ（＝ it）」って「よその国々の文化を理解する（＝ understand the culture of other countries）」ことだろうなって見当がつく。

見当がついても、このままではルール違反だ。「それ（＝ it）」がなにを指すか、はっきりわかるようにするルールがある。そのルールを知っているかどうかを試す問いなのだ。

そう、it 〜 that…という型を使うというルールだね。「よその国々の文化を理解する（＝ understand the culture of other countries）」というのが長いので、初めに短く「それ（＝ it）」って言って、「understand the

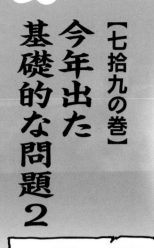

宇津城センセの受験よもやま話

ある少年の手記⑥

宇津城 靖人先生
早稲田アカデミー　特化ブロック　ブロック長
兼 ExiV西日暮里校校長

雨が降ってしまった。

せっかくきれいに直したキーホルダーを返す日なのだから、ぼくの晴れやかな気分と同じように、空も晴れ渡ってほしかったのに。ぼくはキーホルダーの入った箱がぬれないように、きれいにデコレートされた包装紙が雨でよれてしまわぬように、慎重に傘をさしてバス停に向かって歩いた。

歩きながら、彼女との出会いを思い出していた。いつも同じバスに乗っていた彼女。話しかけたことも、意識したこともなかったけど、彼女に絡んできた酔っ払いから守ろうとしたことで、小さなご縁ができた。

酔っ払いのせいでキーホルダーが折れてしまったから、「ぼくが直す」と申し出たこと。そのキーホルダーは彼女とお母さんの大切な思い出の品であるということ。彼女が1年先輩だということ。A学園という結構なレベルの高校に通うほど、彼女は頭がいいということ。そして、どこか影のあるあの表情。

やっぱりそうだ。ぼくは彼女のあの陰りのある表情がどうしても気になっていた。どうしてあんな闇を抱えているんだろう。まだ知り合って間もないし、よく知っているわけではないのに、ぼくは彼女の闇を少しでも明るく照らしてあげたいという気持ちになっていた。

おそらく、ご縁ができたあの酔っ払いの事件のときから、彼女の表情にぼくのなかの「心の闇センサー」に直感的に訴えるものがあったのだろう。でなければ、ぼくみたいな引っ込み思案の人間が、出会ったばかりの名前も知らない女の子に、「折れたキーホルダーを直してあげる」なんて大胆なことは言えなかったはずだ。

ぼくには昔から「心の闇に反応するセンサー」があって、そして、その闇を照らす「心のサーチライト」も備わっている。その人の心の闇に気付き、それを照らすことで、ぼくの対人関係は成り立っている。友だち付き合いも、そういうことが基本となって関係ができあがっていく。

初めてそのことに気付いたのは、小学3年生のときだ。

2学期に隣の席になった滝口絵美ちゃんは、いつも明るくて元気で、自然と周りに友だちが寄ってくるような子だった。クラスのムードメーカーのような存在だった絵美ちゃんは、その日も元気に明るく学校に登校してきた。

ホームルームが始まる前、ぼくの隣の席に座ってみんなと楽しくおしゃべりをしていた絵美ちゃんだったけれど、ぼくはその日の絵美ちゃんに違和感を覚えた。

いつもみたいに元気にしているけど、いつもの元気とは全然違うって直感的にわかった。それが絵美ちゃんの言葉からなのか、表情からなのかわからないけれ

ど、ぼくには絵美ちゃんがいつもと違うことがありありと感じ取れて、とても心配になった。

2時間目が終わり、ちょっと長めの休み時間になると、ぼくは絵美ちゃんに聞いた。

「なにかつらいことでもあったの?」

すると、絵美ちゃんは驚いたようにぼくの方を見ると、堪えきれなくなったのか一気に表情を崩して泣き出した。

突然泣き出した絵美ちゃんに、クラスのみんなは戸惑った。なにが起こったのか、どうしていいのかわからず、みんな少し遠巻きに絵美ちゃんの周りに集まってきた。だれも声をかけられないくらいにワアワアと号泣していた泣き方が少し穏やかになったところで、ぼくは絵美ちゃんの手を引っ張って、教室の外へと連れていった。

手を引っ張って階段のところまで歩いていくと、ぼくは絵美ちゃんを階段に座らせた。絵美ちゃんは、グスグスと泣きながら、しゃくりあげながらぼくの方を見た。

「どうしたの?」とぼくは聞いた。

すると、絵美ちゃんはしゃくりあげながら話してくれた。お父さんとお母さんが別々に暮らすことになったこと。お父さんとはもう他人になっちゃうらしいこと。妹はお父さんの方に行っちゃうこと。新しいお父さんができるらしいこと。ぼくは聞いていて悲しくなった。「そっか。それはつらいね」って言いながら、ぼくもつらくて泣いた。2人で階段に並んで座って、いっしょに泣いた。

休み時間が終わるころには、ぼくらの号泣もずいぶん穏やかになっていた。絵美ちゃんは「ありがとう」とボソリと言って、少しだけ微笑んだ。泣き腫らした目が少し恥ずかしかったけれど、2人でいっしょに教室へ戻った。

翌月、絵美ちゃんは転校していった。

ぼくの「サーチライト」は強い光を放つわけじゃない。その光は微弱で、本当にすぐそばの足元を照らすくらいの力しかない。

強烈な光を放ち、人の闇を明るく照らすことが簡単にできるのであれば、ぼくはカウンセラーとか救世主とかになれるだろう。それができないから、ぼくは相手の抱える闇にシンクロして、その奥深くまでいっしょに潜っていく。そして、そこからいっしょにはいあがってくるというやり方しか知らない。

これは結構自分を痛めつけるやり方だった。同調していっしょに潜っていくなかで、ぼく自身にも負荷がかかったり、傷ついたりすることがたくさんあったからだ。リュック・ベッソンの『グラン・ブルー』っていう映画みたいだなってぼくは思っている。どこまで潜れるのか。精神的な素もぐりのようなものだ。ぼくはこれをメンタルダイブと呼んでいる。

ぼくの精神が崩壊せずに保つことができるのは、どこまでなのか。人の心の闇は、その深淵はいったいどこまで深いのか。ぼくにはそれを試す勇気もなければ、そこまで深い闇に出会ったことはないけれど。

どうしてぼくにそんな素養があるのか、自分でよくわかっている。それはぼく自身がだれよりも深い闇を抱えて生きているからだ。

ぼくの持つ闇よりも深い闇に出会ったことがないから、ぼくは大抵の人の闇に同調できるのだと思っている。ぼく自身が自分の持つ闇の一番深いところから、あの真っ暗な深淵からおぼつかない脆《ぜい》弱《じゃく》な光を頼りにはいあがってきた経験があるから、大抵の闇は乗り越えることができる。

ぼくが抱えている闇について、この場ではあまり話したくない。あのときのあの苦しみ、はいあがるときの痛みはもう、思い出したくもない。

雨を降らせている曇天《どんてん》はまるで冬の空みたいに灰色をしているが、嵐を起こすような荒々しい雨雲が作る黒さまで放っていない。この程度の暗さであれば、すぐに吹き飛ばせる。いずれ雲は晴れ、光が射すだろう。この程度の暗さは闇とは言えない。そうやってポジティブに考えて、バスを待つことにした。

幸いにも、包装紙はまだぬれていない。両耳に突っ込んだ真っ白なイヤホンから、キースのⅡCが流れ始める。おあつらえ向きだ。ちょうどいいタイミングだ。ぼくは姿を現したバスを横目に見ながら、キースの神がかり的な演奏に耳を傾ける。

流れるような旋律に心を合わせて、流れるような心地よさを味わう。自然と心にエネルギーが充填される。これなら、ぼくのサーチライトは明るく彼女の心を照らせるはずだ。これだけのエナジーがあれば、どんな闇だって照らし出せるはずだ。

気付けばバスは目の前に停車し、その扉を開いている。さあ、舞台は整った。

あとは行動あるのみだ。

ぼくはバスに乗ると、彼女の姿を探した。彼女はいつもの席に座り、文庫本を開いて読んでいた。書店の名前の書かれた黄土色のカバーで書名は見えないが、そこそこの分厚さの本だ。しかも、中盤くらいまで読み進めている。彼女は本が好きなのだろうか。

「おはようございます。」

ぼくは第一声をなるべく落ち着いた声で話しかけるようにした。

「あ、おはようございます。」

彼女は持っていた文庫本にしおりを挟むと、それを閉じてカバンにしまった。

「ずいぶんお待たせして、すみませんでした。」

そう言いながら、なるべく自然な感じになるようにぼくは彼女の隣の席に腰をおろした。

「いえ、そんな。こちらこそ、無理なお願いしちゃってごめんなさい。」

彼女の表情は依然として陰りを帯びたままだ。

国語 東大入試突破への現国の習慣

高校入試突破のための「必要十分条件」を満たした学習こそが早稲アカの強みです!

田《た》中《なか》 利《とし》周《かね》先生

早稲田アカデミー教務企画顧問

東京大学文学部卒。東京大学大学院人文科学研究科修士課程修了。文教委員会委員。現国や日本史などの受験参考書の著作も多数。早稲田アカデミー「東大100名合格プロジェクト」メンバー。

慇・懃・無・礼?! 今月のオトナの四字熟語「必要十分」

「必要にして十分な」という意味を表す四字熟語になります。皆さんは次のような言い回しを耳にしたことはありませんか? 「それは確かに必要だが、決して十分ではない!」というセリフ。ビジネスシーンでは常套句《じょうとうく》でもあります。上司が部下に対して使うパターンですね。意気込んで提案する部下に対して「それだけでは足りない! 他にも必要なものがある!」と、たしなめている上司という構図ですが、ただ単に部下のことを否定しているだけではないということはお分かりですよね。「確かに必要だ」の部分では相手を認めてもいるわけですから。

しかしながら、決定的に足りないものがある! というのです。そしてそこに「キミにはまだ気づくことのできないアレが必要なのだよ!」という含みを持たせているところがポイントとなるのですね。完全に「上から目線」のアドバイスです。経験値の差を見せつけているというわけです。

では次のような言い回しはどうでしょうか? 「それは確かに十分だが、決して必要ではない!」というセリフ。「必要」と「十分」を入れ替えただけなのですが、耳慣れない表現ですよね。確かに、日常会話に登場することはめったにないと思います。けれどもこれ、高校に進学すると当たり前のように登場してくるのです! しかも数学の時間に、です。

命題「p⇒q(pならばq)」が真であるとき、「pはqであるための十分条件」であり、「qはpであるための必要条件」であると定義されているのですが、何のことだか分かりませんよね(笑)。

同じことをもう一度、ていねいに述べてみますよ。「pならばqである」が真実のとき、「p」を十分条件、「q」を必要条件、と呼びます。「p」であるためには少なくとも「q」である必要があります。「q」であるためには「p」であれば十分であると言えます。どうでしょう? まだよく分かりませんよね(笑)。具体例に置き換えてみましょう。

「人間は動物である」という文章。「人間ならば動物である」ということは真実ですよね。では「人間」であるためには少なくとも「動物」である必要があります。というのは? そりゃ、そうですよね。「動物でない」のならば「植物」ですか。それが「人間」であるワケがないですから。では次の、「動物」であるためには「人間」であれば十分である、というのはどうでしょう？ これまたそりゃ、そうですよね。「人間」であることが分かれば、言うまでもなく「動物」であることは間違いないですから。

　ではここで「それは確かに十分だが、決して必要ではない！」という言い回しに戻って考えてみましょう。「動物であることを証明するために、人間であることを証明すれば、それは確かに十分だけど、別に犬でも猫でも動物であることにかわりはないので、人間でなければならないという必要性はないよ！」というハナシになるわけです。これが数学的な論理学と呼ばれるジャンルの基礎になります。高校に進学するのが楽しみになりました？

　さて今月の四字熟語「必要十分」に話を戻してみましょう。オトナの用法としての「必要十分」の意味を皆さんと考えてみたいのです。君たちの目標である「高校受験合格」に向けての必要十分条件とは？ といった話題はどうでしょうか。

　英語という試験科目について考えた場合です。極端な例を挙げてみましょう。「アルファベットを書ける」というのは「高校入試突破」に対して、「必要」ではあるけれども、それだけでは「十分」ではない。そうですよね（笑）。「英検1級を持っている」というのは「高校入試突破」に対して、「十分」ではあるけれども、そこまでは「必要」ない。これまた、そうですよね。ここで要請されるのが「高校入試突破」のための「必要十分条件」なんですよ！ もっと言えば、「志望校の入試突破」のための「必要十分条件」です。

　先に例を挙げたビジネスマンの常套句を思い出してください。これは君たちが学習を進めていく上でも、先生からよく注意されるパターンではないですか？「まだまだ勉強が足りない。もっと頑張れ！」と。必要な学習内容は他にもたくさんあるぞ！ という意味ですね。では「そこまで勉強するのは、確かに十分ではあるけれども、必要ではないよ」というアドバイスはどうでしょうか？ 一度言われてみたいものですね（笑）。

　ところが、実際に受験勉強の計画においては、むしろこちらのアドバイスの方が重要なのです。合否を分けるポイントとは、このスケジュール管理に他ならないのです。入試には「合格ライン」があります。そして、入試には「科目」があります。トータルで合格ラインを突破するためには、数学ばかり勉強するのでも、英語ばかりに力を入れるのでもダメなのです。それは分かっていても、「どこまでやればいいのですか？」というハナシですよね。これに対する「ここまでやりなさい」という指示こそが「必要十分条件」を見据えた、早稲田アカデミーの高校入試に向けての学習システムなのですよ。皆さんは安心して日々の学習に取り組んでくださいね！

グレーゾーンに照準！
今月のオトナの言い回し
「あいた口がふさがらない」

あまりにもあきれると、ぽかんと口を開いた状態のまま一言も言葉を発しなくなることから、「相手の行動・態度に、あきれかえってものが言えない様子」を表す慣用表現になりますね。

　ところが先日、こんな用例に出くわして驚いた次第です。「イチロー選手のレーザービームのような送球は開いた口がふさがらないほど素晴らしかった」というものです。これが教え子の作文だというのなら「キミキミ！ 間違っているよ。イチロー選手の活躍にあきれているわけではないでしょ？」と注意すればすむのですが…大手新聞社の記事なのですよ、これが。気になったので調べてみたのですが、確かに次のような説明もありました。「どちらかというと、悪いことを嫌ったりする場合に使われるようですが、いい意味でも使われるようです」と。それでもやはり一般的には、「あきれかえってものも言えない」というニュアンスですから、ほめ言葉にはしない方が無難だと思いますよ。

　実はこの「イチロー選手」の話、もとは英文だったのですよ。ニューヨークヤンキースで活躍する日本人大リーガー「鈴木一朗選手」を紹介した記事にこんな箇所があったのです。

Ichiro Suzuki's laser-beam-like throwing was jaw-dropping.

　このjaw-droppingという英語の慣用表現を「あいた口がふさがらない」という日本語の慣用表現に翻訳していたのですね。英語のjawは「あご」という意味です。平和なビーチを襲う巨大人食いザメ（ホオジロザメ）の恐怖と、それに立ち向かう人々を描いた映画に『Jaws（ジョーズ）』がありましたね。スティーヴン・スピルバーグ監督作品です。大きな「上あご」と「下あご」を合わせて噛み付くわけですからJawsと複数形になるのですね。その「あご」がdropping「落ちてしまうような」、驚きを表す慣用表現となります。落ちるのは「上あご」ではなく「下あご」だけでしょうから、ここでは単数形となっているのですね。

　英語のニュアンスをそのまま伝えるのであれば、あえて日本語の慣用表現を使わずとも「イチロー選手のレーザービームのような送球には下あごが落ちるほど驚かされた」でもいいと思いますよね。十分にその驚嘆ぶりが伝わってきますから（笑）。

問題2

図で、四角形ABCDは、∠ADC＝60°のひし形である。辺CD上に２点C、Dと異なる点Eをとり、辺BCの延長上に点FをCE＝CFとなるようにとる。

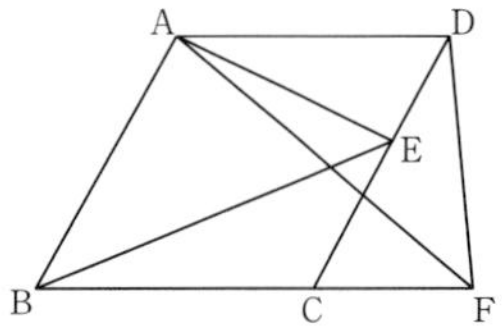

このとき、△ABE≡△DAFとなる。その証明を下の［　　］の中に途中まで示してある。（千葉県）

証明

２点A、Cを結ぶ。

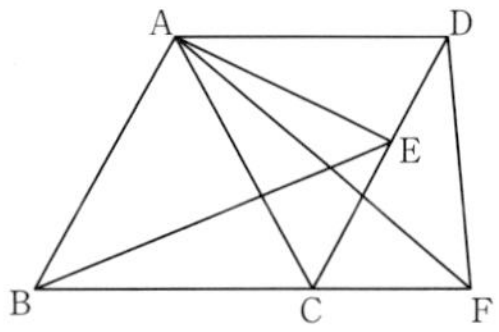

仮定から、四角形ABCDの４つの辺は等しく

∠ABC＝∠ADC＝60°なので、

△ABCと△ACDは正三角形である。…①

△BCEと△ACFにおいて、

仮定から、CE＝CF　……②

①より、BC＝［(a)］　……③

また、∠BCA＝∠ACD＝60°なので、

∠DCF＝180°－∠BCA－∠ACD＝60°となり、

∠BCE＝［(b)］＝120°　……④

②、③、④より、

［(c)］ので、

△BCE≡△ACF　……⑤

（続く）

(1)［　　］の中の［(a)］、［(b)］に入る最も適当なものを、A群のア〜カの中から、［(c)］に最も適当なものを、B群のア〜ウの中から、それぞれ一つずつ選び、符号で答えなさい。

A群

ア　AC　　イ　AD　　ウ　AF

エ　∠AEC　　オ　∠ACF　　カ　∠BAD

B群

ア　３辺がそれぞれ等しい

イ　２辺とその間の角がそれぞれ等しい

ウ　１辺とその両端の角がそれぞれ等しい

(2)［　　］の中の証明の続きを書き、証明を完成させなさい。

ただし、［　　］の中の①〜⑤に示されている関係を使う場合、番号の①〜⑤を用いてもかまわないものとする。

<考え方>

(1)「４つの辺すべて等しい四角形」が、ひし形の定義です。

(2)　△ABEと△DAFで、仮定からAB＝DA、前半の証明から１組の辺と角が等しいことが導けます。

<解き方>

(1)　(a)　ア　　(b)　オ　　(c)　イ

(2)　△ABEと△DAFにおいて、

仮定より、AB＝DA　……⑥

⑤より、　BE＝AF　……⑦

∠CBE＝∠CAF　……⑧

また、∠ABE＝∠ABC－∠CBE

＝60°－∠CBE　……⑨

∠DAF＝∠DAC－∠CAF

＝60°－∠CAF　……⑩

⑧、⑨、⑩より、

∠ABE＝∠DAF　……⑪

⑥、⑦、⑪より、

２組の辺とその間の角がそれぞれ等しいので、

△ABE≡△DAF

問題１〜３の解答を見ると、１つひとつに理由が必ず書かれていることがわかると思います。「証明」というのは、仮定と結論が与えられて、その間を理詰めで埋めていく作業をする問題ですから、すべての段階で、理由を明確にしていくことが大切です。そのためにも、与えられた仮定をしっかりおさえて、そのうえで結論を導くにはあとなにが足りないのか、ときには結論部分の方から考えていくことも必要です。

はじめのうちは解答を見ながらでもかまいませんので、証明を書きながら少しずつ基本の定理の内容と使い方を身につけていってください。

今月は、合同の証明を学習していきましょう。

はじめは三角形の合同を証明する問題です。下のように、正三角形の性質を利用する問題はとくに数多く取り上げられています。

問題1

右の図で、△ABCと△CPQは正三角形で、点Qは辺AB上に、点Pは直線ACについて点Qと反対側にあるものとする。

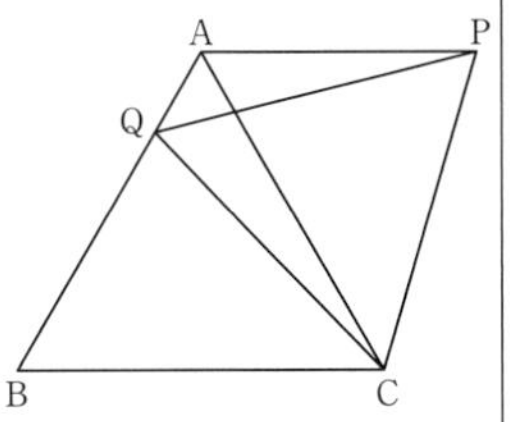

このとき、BQ=APであることを証明しなさい。　（長野県）

<考え方>

BQ、APをそれぞれ1辺とする合同な2つの三角形を見つけましょう。

<解き方>

△BCQと△ACPで、

△ABCと△CPQは正三角形なので、

BC=AC　……①

CQ=CP　……②

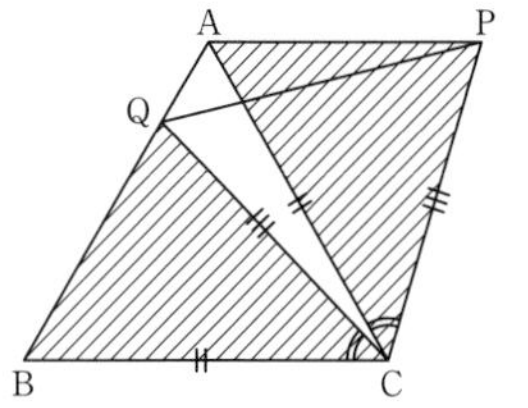

正三角形の1つの内角の60°から共通な∠ACQを引いた角の大きさは等しいので、

∠BCQ=∠ACP

……③

①～③より、2組の辺とその間の角がそれぞれ等しいので、

△BCQ≡△ACP

合同な図形の対応する辺の長さは等しいので、

BQ=AP

＊上の　　　線部分のように、「等しいものから共通なものを引いた残り（または、共通なものを加えた合計）は等しい」という考え方は、証明問題ではよく使われる重要な性質です。

次も三角形の合同を証明する問題で、途中まで穴埋め形式で証明が書かれていますので、比較的解きやすいと思いますが、この問題のように証明する1組の合同な三角形のほかに、もう1組の合同な三角形を見つけ出さなければならないような問題は、一般的にかなり難しい問題といえるでしょう。

数学

楽しみmath 数学! DX

基本定理を使った合同の証明問題

登木 隆司先生

早稲田アカデミー　城北ブロック ブロック長
兼 池袋校校長

Little Red Riding Hood

いよいよ夏本番。もうすぐ夏休みですね。毎日のように部活がある人もいるでしょう。休みを利用して旅行に行く人もいるでしょう。もちろん学校の宿題もあります。計画的に勉強をしてくださいね。そして、受験生はこの夏が勝負になります。「夏を制するものは受験を制す」とはよく言ったものです。来年の春「志望校合格」を勝ち取るために、一生懸命頑張ってください。

さて、今回取り上げるのは『Little Red Riding Hood（赤ずきんちゃん）』からのフレーズです。この赤ずきんちゃんは、ペロー童話集やグリム童話にも収録されています。「昔、赤ずきんと呼ばれる女の子がいました。彼女はお使いを頼まれて森の向こうのおばあさんの家へと向かおうとしますが、その途中で１匹の狼に会い、だまされて道草をしてしまいます。狼は先回りをしておばあさんの家へ行き、家にいたおばあさんを食べてしまいます。そしておばあさんの姿になりかわり、赤ずきんが来るのを待ちます。そして赤ずきんがおばあさんの家に到着します…」赤ずきんの運命は？　おばあさんは無事なのか？　みなさんも聞いたことがある話だと思いますので、機会があればぜひ英語の原作で読んでみてください。

今回学習するフレーズ

①Once upon a time, there was a little girl and she lived in a village near the forest. ②Whenever she went out, the little girl wore a red riding cloak, so everyone in the village ③called her Little Red Riding Hood.

全　訳

昔々、ある小さな女の子がいました。そしてその子は、森の近くの村に住んでいました。その少女が外出するときはいつも、赤い外套《がいとう》(マントのようなもの) を身につけていたので、村人はみんな彼女を「赤ずきんちゃん」と呼んでいました。

Grammar＆Vocabulary	
① once upon a time	昔々 (ex) Once upon a time there lived an old man and woman in a town. 「昔々、ある村に、おじいさんとおばあさんが住んでいました。」
② whenever＋主語 ＋ 動詞	～が…するときはいつでも (ex) You may leave whenever you like. 「君は好きなときにいつでも帰っていいですよ。」
③ call A B	AをBと呼ぶ (ex) Please call me Bob. 「私をボブと呼んでください。」

英語　英語で読む名作

川村 宏一先生

早稲田アカデミー　教務部中学課　上席専門職

2013神奈川 全私学中高展

＼ 行きたい学校見つけにいこう ／

7月15日（祝・海の日）

神奈川私学　検索

神奈川の全私学［中・高］141校が横浜みなとみらいに集合!
参加校による特色ある展示／ステージイベント／制服・校章展

パシフィコ横浜 展示ホールC・D

10:30▶16:00 入場無料 来場者に私立中学・高校案内（ガイドブック）をプレゼント

主催：神奈川県私立中学高等学校協会
〒221-0833 横浜市神奈川区高島台 7-5 私学会館内　TEL045-321-1901
後援：神奈川県／神奈川県教育委員会／神奈川県私学保護者会連合会／神奈川の高校展実行委員会

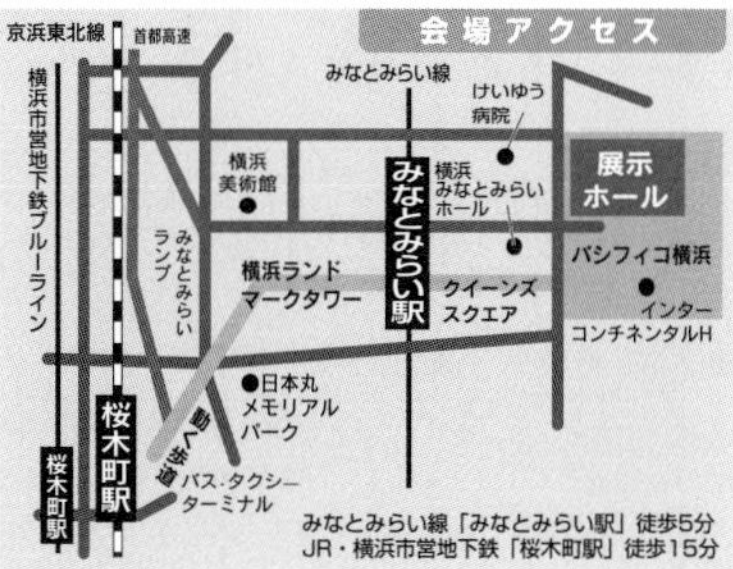

みんなの数学広場 問題編

TEXT BY かずはじめ

数学を子どもたちに、楽しく、わかりやすく、使ってもらえるように日夜研究している。好きな言葉は、"笑う門には福来る"。

初級～上級までの各問題に生徒たちが答えています。どの生徒が正しい答えを言っているか当ててみよう。もちろん、当てずっぽうじゃなく、実際に問題を解いてみてね。

答えは次のページ

上級

今回も大学入試問題にチャレンジ！

とは言うものの、これってみんな解けそうだよねー。

2010年の京都大学理系の問題から。

1，2，3，4，5の5個の数を一列に並べる。

1番目と2番目と3番目の数の和が

3番目と4番目と5番目の和と等しくなる確率を求めなさい。

A

答えは…

$\frac{1}{2}$

先月当ててるからね!

B

答えは…

$\frac{1}{5}$

私も京大に行きたい!

C

答えは…

$\frac{3}{5}$

ぼくには京大は無理かも…。

中級

1 日は 24 時間。

1 時間は 60 分。

1 分は 60 秒。

では、1 年は約何秒？

A

答えは…

約8万秒

サッと計算したよ。

B

答えは…

約259万秒

まさに秒殺で計算!

C

答えは…

約3150万秒

頑張って計算しました。

初級

フランスの詩人、ポール・ヴェルレーヌは言いました。
「私は数学者になるほど○○力が豊かではなかったので詩人になった」
さて、○○力とはなんでしょうか。

A

答えは…

想像力

数学っていろいろ考えますから。

B

答えは…

決断力

ビシッと決めなきゃいけないからね。

C

答えは…

読解力

すべての学びの基本です。

みんなの数学広場

解答編

上級

正解は 答え B

並んだ数を左から a, b, c, d, e とおくと

$a+b+c=c+d+e$

$a+b=d+e$

ここで $a=1$, 2, 3, 4, 5 を代入してもいいのですが

1, 2, 3, 4, 5 のうち $\begin{cases}\text{偶数が2つ}\\ \text{奇数が3つ}\end{cases}$ あります。

c 以外の $a+b=d+e$ には

㋐　偶数＋偶数＝奇数＋奇数

→偶数 2 つ、奇数 2 つ

㋑　偶数＋奇数＝偶数＋奇数

→偶数 2 つ、奇数 2 つ

が考えられますから、c には奇数しか入りません。

したがって、c が奇数になる確率は $\frac{3}{5}$

$c=1$ とすると

2, 3, 4, 5 を (a, b, d, e) に並べる仕方が

$4!=4\times3\times2\times1=24$ 通りのうち

$a+b=d+e$ となるのは

$\begin{cases}(2, 5, 3, 4)\\(2, 5, 4, 3)\\(5, 2, 3, 4)\\(5, 2, 4, 3)\end{cases}$ $\begin{cases}(3, 4, 2, 5)\\(4, 3, 2, 5)\\(3, 4, 5, 2)\\(4, 3, 5, 2)\end{cases}$

の合計 8 通り

$c=3$ とすると 1, 2, 4, 5 を (a, b, d, e) に並べる仕方が

$4!=24$ 通りのうち

$a+b=d+e$ となるのは

$\begin{cases}(1, 5, 2, 4)\\(1, 5, 4, 2)\\(5, 1, 2, 4)\\(5, 1, 4, 2)\end{cases}$ $\begin{cases}(2, 4, 1, 5)\\(4, 2, 1, 5)\\(2, 4, 5, 1)\\(4, 2, 5, 1)\end{cases}$

の合計 8 通り

同じように $c=5$ とすると、8 通り。

つまり c の値が決まるといつでも $\frac{8}{24}=\frac{1}{3}$ の確率で (a, b, d, e) が決まるので

求める確率は $\frac{3}{5}\times\frac{1}{3}=\frac{1}{5}$

残念!
それはもしかして直感?

$\frac{3}{5}$ が出ていれば
正解はもうすぐだったのに。

中級

正解は　答え C

1 日は 86400 秒
1 年は 365 日なので
86400 × 365 = 31536000 秒
≒ 31500000 秒
ちなみに人生 80 年とすると約 2 億秒なんです！

それは 1 日の秒数ですね。

それは 1 カ月の秒数ですね。

初級

正解は　答え A

数学は数字ばかりで現実的なようですが
じつは想像力が必要な学問なんですね。

それは、数学とは関係
ないですね。

どちらかというと国語で
必要じゃないですかね。

早稲田大学

スポーツ科学部スポーツ科学科2年

橋本《はしもと》　雄樹《ゆうき》さん

先輩に聞け！

大学ナビゲーター

グを学んでいます

頭と身体の両方を使って スポーツへの理解を深める

――早稲田大のスポーツ科学部に入学したきっかけを教えてください。

「体育の教師になりたくて、高校受験で早稲田大高等学院に合格したときから、大学は早稲田大のスポーツ科学部に進学しようと決めていました。」

――学部の雰囲気はどうですか。

「スポーツが好きな人が多いので、男女関係なくスポーツの話題で仲良くなることができます。同じスポーツをやっていることがきっかけで話がはずむこともよくあり、フレンドリーな雰囲気です。現在スポーツをやっているアスリートもたくさんいますし、なかにはメディアでよく見かけるスポーツ選手もいます。」

――どんなことを学んでいますか。

「1年生では、スポーツとはなにかという

【高校受験について】

早大高等学院へは推薦で入学しました。試験は面接があります。いくつかの質問に対する自分の答えを書いたA3の紙を3枚提出し、それをもとにして面接が30分間行われます。質問内容には入学してやりたいこと、中学で頑張ったこと、最近読んだ本の感想などがありました。私は中学で1番力を入れたバスケットボール部のことについて書きました。

面接では、初対面の大人の人に対して自分をどれだけアピールできるか緊張しましたが、自分の体験したことなのでスムーズに話せました。

【早大高等学院の英語の授業】

高校に入学して最初につまづいたのが、英語の授業でした。授業で使用する教科書とは別に、各自で試験までに勉強しておくようにと公立で使用する教科書も配られます。予習・復習の量も多く、授業のペースも早いので、慣れるまでが大変でした。

大学1年生の夏期に行われた菅平での野外活動の様子

ことをざっくりと勉強し、スポーツに対する一般教養を学びました。2年生は、スポーツ医科学、健康スポーツ、トレーナー、スポーツコーチング、スポーツ教育、スポーツビジネス、スポーツ文化の7つのコースから1つを選択し、将来の目標に向けて勉強します。私は教師になって部活のコーチをしたいので、コーチングコースを選択しました。」

――おもしろい講義はなんですか。

「私自身小学校からずっとバスケットボールを続けてきたこともあり、『スポーツ方法実習』という実技の講義が楽しいです。1種類の競技を半年かけて集中的に学ぶ講義です。競技はバスケットボール、サッカー、ソフトボール、水泳などたくさんあるなかから選びます。この講義では、実践することで1年生で学んだことが自分のなかでつながり、より競技に対してのパフォーマンスを向上させることができます。また、講義を受けるとき、教授がどのようにして私たちに教えているかを見ることで、コーチングの勉強にもつながっています。」

――高校までの体育の授業と『スポーツ方法実習』との違う点はなんですか。

「高校までの実技中心の体育の授業よりも勉強という面が強く、理論を自分の身体で体験するという感じです。1つの競技に集中することで自分が上達していくことがよくわかります。経験したことのある競技でも、いままでのやり方が間違っていることもよくあります。それを正しく修正することで、動きにくかった部分が改善されるなど、新しい発見もあります。」

――ゼミではどのようなことを学びたいですか。

「コーチングに関してもっと掘り下げて学びたいです。いま、高校での体罰の問題が多く取り上げられていますが、どういう指導が選手のパフォーマンスを向上させるかや、コーチが果たせる役割、試合に与える影響などということについて勉強していきたいです。」

――将来の夢を教えてください。

「体育の教師になることがずっと夢でしたが、9月にオリンピック開催地が東京に決まれば、スポーツに関するさまざまな分野に人材が必要になるので、どうしようか迷っています。企業のスポーツチームの普及に貢献できるような仕事にも興味があるので、これから考えていこうと思います。」

スポーツ科学部のある所沢キャンパス

スポーツ選手の能力を向上させるためのコーチン

【高校のバスケットボール部でコーチングの大切さに気付いた】

私は、高校でバスケットボールを教えてくれたコーチの影響でコーチをしたいと思うようになりました。

私が教わったコーチは、「こうしなさい」という細かい指示は出さず、私たちプレーヤー自身に考えさせる指示を出していました。私は練習の意図を自分で考えたり、試合でも自分たちでどうしないといけないかを考えながらプレーしました。

コーチが細かく指示を出した方がチームは早くまとまりますが、プレーヤーは自ら考えてプレーすることで、いろいろなことに気づくことができます。それを実感したとき、コーチがプレーヤーに与える影響を知り、コーチという立場に憧れるようになりました。

そのコーチのもとについて、高校では部活動を引退したあともバスケットボール部の合宿や試合に同行し、コーチの補助をしました。選手に与えるべき課題が多くあるなかで、どの課題を与えるかという選択をするのが難しかったです。

【受験生へのメッセージ】

自分が進学したい学校のために、いまはすごく勉強している時期だと思いますが、受験のためだけの勉強にならないように心がけてほしいです。受験のためだけではなく、将来自分がめざしていることのために勉強してるという意識を持って取り組んでください。

あと、仲間は大切にした方がいいです。私はいまでもバスケットボールをいっしょにした仲間に相談したり、助けられることが多く、人とつながることは自分を高めてくれることの1つだと学んでいるからです。

あれも日本語 これも日本語

第41回 「ざっくり」の使い方

「ざっくり」という言葉を最近、よく聞くようになったね。

「ざっくり」は副詞で、もともと、「力を込めて一気に切ったり、割ったりするさま」のこと、あるいは、「手触りが粗い様子」のことを言うんだ。

「スイカをざっくり切る」とか「この布はざっくりとした感触だ」なんていうふうに使うんだ。

だけど、最近の使い方は、「大ざっぱに物事をとらえる」「全体を大きくとらえる」という意味で使われることが多くなったようだ。

「この問題の焦点をざっくり言うと」とか「政策の要点をざっくりと説明します」というような感じだ。

こうしたものの言い方は、これまでは「大ざっぱに言うと」「概略を説明すると」、あるいは「要点をかいつまんで言うと」などという言葉で言われてきた。

それがこの10年くらいで、「ざっくり」に置き換わりつつあるわけだ。では、どうして置き換わりつつあるのだろう。

まず、「大ざっぱ」だけど、これは漢字で「大雑把」と書く。「雑」という漢字があるため、「丁寧ではない」という印象をもたれてしまい、敬遠されるようになった。「大雑把な説明」は相手に失礼というわけだ。「概略」は漢字に問題はないんだけど、堅いイメージがある。親しみがもてないわけだ。「かいつまんで」も部分的な説明のような印象を与える。「全体をとらえた説明」という印象が薄い。

こうしたことから、「ざっくり」が、要点の説明に適した言い方として、広まっていると考えられているんだ。

最近は若い人たちだけではなく、かなり年配の、しかも地位のある人までもが使うようになってきている。それには「ざっくり」が昔から存在する言葉であるため、年配の人も、使うのにそれほど抵抗感がないことがあげられる。

「ざっくり説明します」なんて言われると、簡単な説明でも全体を把握した説明をしてもらっているように感じるよね。

こうした相手の感覚に敏感、あるいは優しい言い方を、つねに追求するのも日本語の特徴の1つと言えるだろうね。

ミステリーハンターQの

歴男歴女養成講座

ミステリーハンターQ
（略してMQ）

米テキサス州出身。某有名エジプト学者の弟子。1980年代より気鋭の考古学者として注目されつつあるが本名はだれも知らない。日本の歴史について探る画期的な著書『歴史を掘る』の発刊準備を進めている。

春日 静

中学1年生。カバンのなかにはつねに、読みかけの歴史小説が入っている根っからの歴女。あこがれは坂本龍馬。特技は年号の暗記のための語呂合わせを作ること。好きな芸能人は福山雅治。

山本 勇

中学3年生。幼稚園のころにテレビの大河ドラマを見て、歴史にはまる。将来は大河ドラマに出たいと思っている。あこがれは織田信長。最近のマイブームは仏像鑑賞。好きな芸能人はみうらじゅん。

ローマ帝国

最盛期には広大な領域を統治していたローマ帝国。古代ヨーロッパ最大の帝国の興《おこ》りと衰退を学んでみよう。

静 この間、「テルマエ・ロマエ」っていう映画を見たの。古代ローマの浴場建築家が現代の日本に現れるという内容なんだけど、とてもおもしろかった。

勇 ぼくもテレビで見た。ローマ帝国はずいぶんと栄えたようだけど、どうして滅んだの？

MQ ローマ帝国は古代ヨーロッパ最大の帝国だね。紀元前7世紀に、イタリア半島のテベレ川河口に建設された都市国家が始まりとされているよ。

静 都市国家がどんどん大きくなったの？

MQ 最初は王国だったんだけど、共和政を経て紀元前27年に帝政となった。初代皇帝はアウグストゥス。

勇 どれぐらい大きかったの？

MQ 紀元1世紀末から2世紀にかけて即位した5人の皇帝の時代が最も繁栄したと言われる。東は小アジア、いまのトルコ周辺、西はポルトガル、北はイギリス、南は地中海のアフリカ沿岸部まで。この5人の皇帝を五賢帝と言うんだ。「テルマエ・ロマエ」に出てきた皇帝はハドリアヌスで、五賢帝のなかの3番目の皇帝だね。

静 どうして滅亡したの？

MQ 皇帝といっても世襲ではなく、元老院が選んだりしていたから、権力争いが激しくなった。また、領土が広くなり過ぎて、地方で反乱が起きたり、奴隷が減少したりと、さまざまな要因があったんだ。

勇 広くなり過ぎると統治するのも大変なんだね。

MQ いきなり滅亡したわけではない。ローマ帝国の最後の皇帝となったテオドシウスは帝国を2つに分けることにし、長男に帝国の東方を与え、次男に西方を与えて統治させた。1つの帝国を分割統治するのが目的だったんだけど、結局、再統一されることはなく、395年に東ローマ帝国と西ローマ帝国に分かれたんだ。

静 2つの帝国は共存したの？

MQ しばらくはね。西ローマ帝国はローマを首都とし、かつての栄光を取り戻そうとしたけれど、476年、ゲルマン人に侵攻されて滅ぼされてしまった。

勇 東ローマ帝国は？

MQ 東ローマ帝国は、いまのトルコのイスタンブールであるコンスタンチノーブルを首都とし、ビザンチン文化などを生み出した。トルコに亡ぼされる1453年まで存続したんだ。

教えてマナビー先生！
世界の先端技術

プロフィール
日本の某大学院を卒業後海外で研究者として働いていたが、和食が恋しくなり帰国。しかし科学に関する本を読んでいると食事をすることすら忘れてしまうという、自他ともに認める“科学オタク”。

電波望遠鏡
何台もの共同作業で従来の光学式ではなく電波で観測する望遠鏡

チリの砂漠に完成が急がれるアルマ望遠鏡は日本も参加した国際プロジェクトだ（EPA＝時事）

望遠鏡といっても、今回は光学式の望遠鏡でなく、電波を使った望遠鏡を紹介しよう。

光も電波も電磁波の１つだ。電波は波長が光より長い電磁波で、電波を調べることで光を出さない宇宙空間物質や生命の元となるアミノ酸などを観測することができる。

ただ、電波は波長が長いので精度よく電波を集めるためと、宇宙からくる微弱な電波を集めるために、巨大なお皿のようなアンテナが必要になる。あまりに大きく重いので、自重による変形や、風や温度に負けてしまう可能性がある。いまでは多くの人が持っている携帯電話の電波に電波望遠鏡が影響されないようにもしたい。そこで、電波望遠鏡の設置場所は人里から離れた高地が選ばれる。

アンテナで集められた電波は受信装置で電気信号に変えられ、電波が強い場合は大きな数値として、電波が弱いところは小さな数値として記録される。こうして集められたデータは点のデータだけど、そんな点のデータを積み重ねて、何時間、ときには何日もかけて見たい範囲を網羅し、１枚の画像に作りあげていく。天文学者はこれらのデータを解析し、見やすくするために色づけをしたりして発表している。私たちが見ている宇宙の写真は、こんな苦労の結果として、再現された写真ということなんだね。

今回、チリのアタカマ砂漠で完成をめざすアルマ望遠鏡は、66台もの電波望遠鏡を組み合わせ、大きな望遠鏡と同様の精度を持たせるように作られるものだ。標高5000mの高地では気象変化の影響を受けにくく、また、人里離れているため生活電波の影響も少なくなっている。精度も、光学式で宇宙空間で活躍するハッブル望遠鏡の10倍の精度を目標に作られている。

大きな望遠鏡を作るのは容易ではないので、多くの望遠鏡のデータを集めて１つのデータとして精度をあげている。じつに口径20kmの望遠鏡に匹敵する精度というから驚きだね。データ処理には大変な計算時間がかかるけれど、近年のコンピュータの発達で可能になってきたんだ。地球上だけでなく、宇宙にあげた電波望遠鏡といっしょに観測、解析し、より精度をあげようとする計画も始まっている。

あたまをよくする健康

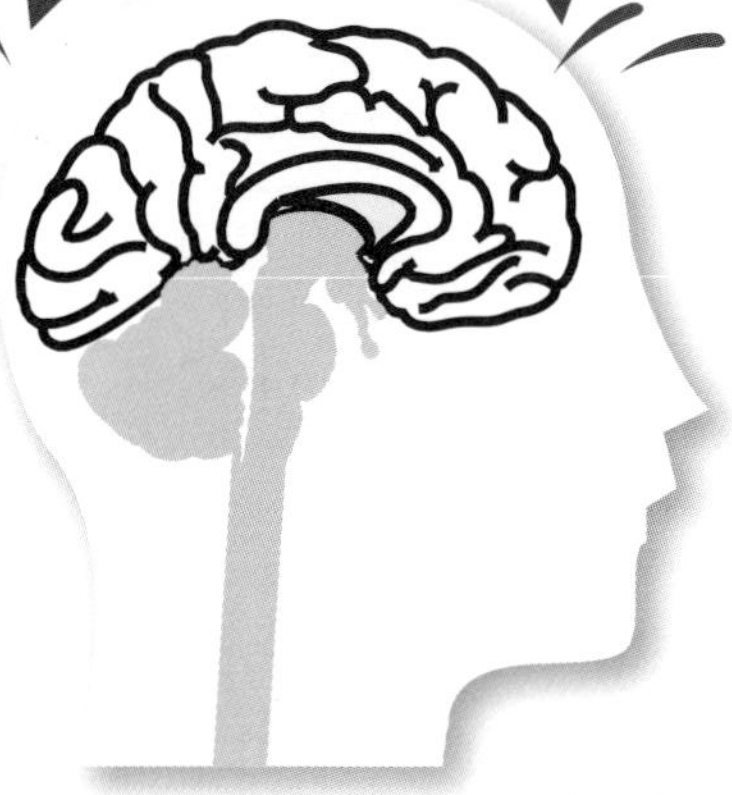

ナースであり
ママであり
いつも元気な
FUMIYOが
みなさんを
元気にします!
by FUMIYO

今月のテーマ

熱中症

ハロー！　FUMIYOです。蒸し暑い日が増えてきましたね。梅雨の季節が過ぎると、夏本番！　日中の暑いなかでスポーツをしていると、熱中症の症状で体調を崩す危険があります。また、気温が高いと、外にいるだけでも軽い症状が出たりします。

熱中症とは、暑い環境のなかで起こるさまざまな障害のことを言います。私たち人間は、汗をかいて身体の熱を外に逃がして、体温があがりすぎないように調節しています。身体のなかの水分や塩分が足りなくなると、身体は脱水状態になり、体温調節がうまくできなくなり、運動機能が著しく低下し、障害が起こります。

では、熱中症にはどんな種類があるのでしょうか？

	原因	症状
熱失神	皮膚血管が拡張して血圧が低下し、脳への血流が減少して起こる。	めまい・失神・顔面蒼白など。
熱痙攣《けいれん》	大量に汗をかき、水だけ（塩分の少ない水分）を補給したときに起こる。	痛みを伴う筋肉の痙攣（下肢だけでなく、上肢や腹筋などにも起こる)。
熱疲労	大量の発汗による脱水と皮膚血管の拡張による血圧低下により起こる。	脱力感・だるさ・めまい・頭痛・吐き気など。
熱射病	極度に体温が上昇(40℃以上)して脳の中枢機能に異常をきたし、体温調節ができなくなってしまい起こる。	反応が鈍い・ろれつが回らない→症状が進行すると意識がなくなってしまう。

熱中症にかからないためには、日ごろからどのようなことに注意していけばよいのでしょうか？

1.こまめに水分補給

水分を取る際には、塩分が含まれているものを取りましょう。薬局などでは、スポーツドリンクや、水分補給のための経口補水液を取り扱っていることもあります。

2.外出時の服装に注意

とくに運動時は、軽装で、吸湿性・通気性のよい服装にしましょう。帽子や日傘などで、直射日光に当たらないようにすることも大切です。

3.無理な活動はしない

気温が高くなる日は、運動は控えましょう。気温が低めでも、湿度が高いときは熱中症にかかりやすいので、注意しましょう。

4.異常の早期発見

体温を測定し、平熱を知っておきましょう。もしおかしいなと思ったら、体温をすぐ測定します。室内の室温を計り、上手に扇風機やエアコンを使いましょう。

もし、かかってしまったら…
①涼しいところへ避難しましょう。
②衣服を脱いだり、緩めたりして、身体を冷やします。
③水分と塩分を補給しましょう（塩分は大事です)。

もし、意識がもうろうとしていたり、自ら水を飲むことができないような人を見かけたら、直ちに救急車を呼びましょう。

梅雨の時期でも、湿度が高いときは熱中症にかかる可能性があります。体調がおかしいなと感じたときは、十分に休息を取るようにしましょう。

Q1 クラブ活動中に熱中症で非常に重い病状を起こしやすいクラブは何部でしょう。

①野球部　②写真部　③料理部

正解は①の野球部です。
やはり夏の屋外スポーツは、熱中症にかかる危険性が大きいです。テレビの熱中症予報などで危険指数が高いときは、屋外での活動は十分注意しましょう。

Q2 熱中症になりやすい人はどんな人でしょうか。

①乳幼児　②20代　③高齢者

正解は①の乳幼児と③の高齢者です。
乳幼児は体温調節機能が発達途中であり、体内の水分が少ないため汗をかきにくくなっており、そのため体温が下がりにくくなっています。

Success News

ニュースを入手しろ!!

サクニュー!!

産経新聞編集委員
大野 敏明

▶PHOTO 山中湖より富士山を望む(山梨県南都留郡山中湖村・富士箱根伊豆国立公園)PANA 撮影日:2013-03-16

今月のキーワード

富士山、世界遺産登録

国際連合の教育科学文化機関(ユネスコ)の世界文化遺産に富士山が登録されることが確実になりました。

6月半ばにカンボジアの首都、プノンペンで開かれる世界遺産委員会で最終的に決定される予定です。

富士山は静岡、山梨両県にまたがる標高3,776m、日本の最高峰です。円錐形の休火山で、長く優雅な裾野を持つ美しい山として、昔から多くの人々に愛され、また信仰されてきました。

富士山は、かつて自然遺産としての登録をめざしましたが、ゴミ問題などで推薦を断念、文化遺産としての登録をめざしました。

その理由は、古くから信仰の対象で、神社など信仰関連の多くの施設があること、浮世絵などさまざまな絵画の対象となったことなどがあげられます。日本の絵画だけではなく、西洋の絵画にも影響を与えました。

このため、富士山だけでなく、登山道、周辺のいくつかの神社、富士五湖、忍野八海と呼ばれる山梨県の8つの池、静岡県の三保の松原など25の構成資産とともに登録をめざしました。

しかし、三保の松原については国際記念物遺物会議(イコモス)が、富士山から40kmも離れていることを理由に対象から外し、残りを文化遺産として登録することを勧告することになったのです。

文化遺産に登録されるには、まず国(文化庁)が暫定リストを作成して、イコモスに推薦します。それを受けてイコモスは現地調査を実施し、登録が妥当だと判断したら、世界遺産委員会に登録の勧告を行います。

富士山に関しては、現在、登録が勧告された段階です。勧告が行われれば、登録されないことはまずないので、事実上、登録が決定したと考えてよいでしょう。

現在、日本には法隆寺、姫路城、原爆ドームなど12の文化遺産と白神山地、屋久島など4つの自然遺産があり、富士山は13番目の文化遺産ということになります。

なお、今回、富士山と同時に政府が文化遺産に推薦していた「武家の古都・鎌倉」は、イコモスが調査したものの、登録しないようにとの勧告を出したので、登録は見送りとなりそうです。

これ以外では群馬県の「富岡製糸場」が文化遺産に推薦されています。推薦されたことで、海外から多くの関係者が視察に訪れていますが、まだ、正式な調査にはいたっていません。

国語辞典ってこんなに奥深い！ 辞書がもう1冊ほしくなるかも

『学校では教えてくれない！ 国語辞典の遊び方』

中学生にもなれば、使ったことがない人はおそらくいないであろう「国語辞典」。最近では、国語辞典編纂《へんさん》に情熱を傾ける人々が描かれた三浦しおんさんの小説『舟を編む』（光文社）が大ヒットし、映画化もされているよね。

じつはこの国語辞典、いろいろな出版社から何種類も発売されていて、しかもその辞典ごとにまったく違う特徴を持っているということをご存知だろうか。

そんな国語辞典の知られざる魅力を、学者芸人のサンキュータツオさんが熱く熱く語っているのが、この『国語辞典の遊び方』だ。「選び方」ではなく「遊び方」なのがこの本のポイントだ。

「学校で買ったもの（家にあるもので）で十分。どれでもいっしょだよ」と言うなかれ。「おもな辞書」としてこの本に紹介されているものだけで11冊もあるのだから。

そして、第1章でいきなり「うつくしい」という言葉が6つの辞書でそれぞれどう説明されているかが紹介されている。これを読めば、「うつくしい」という言葉1つでも解釈の仕方がこれだけあるのかと驚くだろう。

また、「語釈にクセがある」として有名な『新明解国語辞典』（三省堂）による「恋愛」の説明は、思わず笑ってしまうことうけあいだ。

タイトルに国語辞典と入っているから、難しそうな本と感じるかもしれなけれど、ここまで紹介してきたように、むしろ「おもしろく、読みやすい」内容になっている。しかも、ただ辞書についてだけではなく、日本語の特徴や、言葉の移り変わりなどについても書かれていて、楽しく読みながらタメにもなる1冊ではないだろうか。

第2章では、11冊の辞書を、著者がそれぞれを擬人化しながら愛情たっぷりに紹介してくれる。「都会派インテリメガネ君」「マイノリティの味方！　ワイルドな秀才」など、「辞書にそんなに個性があるの？」と思ったら、ぜひこの本を読んでみてほしい。読み終わったときは、新しい国語辞典がほしくなっているかもしれないよ。

◆『学校では教えてくれない！
国語辞典の遊び方』

著／サンキュータツオ
刊行／角川学芸出版
価格／1300円＋税

映画で楽しむ 憧れの沖縄

ホテル・ハイビスカス

2002年/日本/シネカノン/
監督:中江裕司/

「ホテル・ハイビスカス」
ブルーレイ発売中
5,040円(税込)
販売元:バンダイビジュアル

沖縄の素朴な日常を楽しむ

舞台となっているのは、沖縄の古びた安宿、ホテル・ハイビスカス。いつも開けっ放しの入り口をくぐると、そこには多種多様な住人たちの屈託ない笑顔が待っています。将来を憂うこともなく、現状に悲観することもなく、毎日を楽しく生きる沖縄の人々の姿が、ありのままの姿で描かれています。

主人公はホテル・ハイビスカスの宿主の娘、美恵子。快活でいつも好奇心いっぱいの美恵子は、沖縄の森に住むという精霊キジムナーを探しに出かけたり、パイナップル畑で働く父親に会いに出かけては、道中でさまざまな人と出会います。そのだれもが一風変わった人ばかり。美恵子と、彼らの奇妙なやり取りは、見どころの1つです。

沖縄映画というと、碧い海と空をイメージしますが、本編ではパイナップル畑の続くのどかな田園や、鬱蒼とした木々に覆われた熱帯のジャングルのような森など、沖縄に住む人々の目線に近い、素朴な光景を楽しむことができます。原作は『ビッグコミック増刊号』などに掲載された仲宗根みいこの漫画です。

てぃだかんかん
～海とサンゴと小さな奇跡～

2010年/日本/ショウゲート/
監督:李闘士男/

「てぃだかんかん～海とサンゴと小さな奇跡～」
DVD発売中
3,990円(税込)
発売元・販売元:よしもとアール・アンド・シー
©2010「てぃだかんかん」製作委員会

かけがえのない沖縄の海を守る

「なんとかなるさぁ」が口癖の金城健司(=岡村隆)は、よく言えば沖縄の海をこよなく愛する永遠の少年ですが、母親に言わせれば大人になっても定職にもつかないろくでなしの息子。その健司が、今度は「サンゴの養殖を始める」と言い出しました。周囲の反対にも聞く耳を持たず、計画も資金も採算もないまま、健司はサンゴの養殖に着手します。

次から次へと襲いかかる困難にも、「なんとかなるさぁ」と健司流に立ち向かいます。失敗を繰り返し、理不尽な風刺を受け、家族が経済的困難に陥っても、「海のために」という強い思いは変わりません。はたして、健司はサンゴの養殖を成功させることができるのでしょうか。

近年、沖縄の海はリゾート開発などの影響で、次々とサンゴが死滅しています。海を守りたいという思いは沖縄の人ならばだれでも持っているはず。そんな心に強く訴える作品であり、改めてかけがえのない自然を守らなければいけないと考えさせられる作品になっています。題名の「てぃだ」とは太陽のこと。つまり、「太陽カンカン」という意味です。

ニライカナイからの手紙

2005年/日本/IMJエンタテインメント・ザナドゥー/監督:熊澤尚人/

「ニライ カナイからの手紙」低価格版発売中
2,625円(税抜価格2,500円)
発売元:IMJエンタテインメント・ポニーキャニオン
販売元:ポニーキャニオン
©2005 エルゴ・ブレインズ

悲しみを癒す「うつぐみの精神」

「竹富島には"うつぐみの精神"が根付いています」というナレーションで始まるこの映画。竹富島に根付く「うつぐみの精神」とはなんでしょうか。

舞台は沖縄県の離島、竹富島。父の死後、母がとある理由で東京へ旅立ったため、風希(=蒼井優)は郵便局長のオジイと2人で暮らしていました。毎年、誕生日に届く東京の母から手紙がなによりの楽しみであり、心の支えに。「20歳の誕生日にすべてを話す」という手紙の言葉を信じ、その日を心待ちにしていました。ところが20歳の誕生日、東京の待ち合わせ場所に現れたのは母ではありませんでした…。そして、風希が知ったのは、あまりにも悲しい真実でした。

悲しみにくれる風希に、竹富島の人々が行ったのが、「うつぐみ」でした。1人ではなく、みなで悲しみを分かちあおうという島の人々の「うつぐみの精神」が、風希の悲しみを癒していきます。

「ニナイカナイ」とは、沖縄の伝承にある神々の住む島のこと。風希に届いた「ニライカナイからの手紙」には、どんな想いが込められていたのでしょうか。

高校受験 ここが知りたいQ&A

Q どんな目標を持って勉強すべきなのかわかりません

目標を持って勉強することが大事なので志望校を定めなさいと言われました。いつまでに具体的な志望校を決めたらいいのでしょうか。まだ全然わかりません。

（世田谷区・中2・HM））

A どんな高校生活を送りたいかイメージして志望校を考えましょう。

アドバイスしてくれた方がおっしゃるように、目標を持って勉強することは意味のあることです。志望校はもちろん、将来どんな関係の仕事に就きたいかということでも立派な目標です。職業を目標にすることが難しければ、どんな高校生活を送りたいかという視点から志望校について考えてみるとよいでしょう。

人によって志望理由はさまざまです。クラブ活動をしたい、大学進学に適した学校に行きたい、勉強もスポーツも頑張りたいなど、自由に自分の進路を考えてみることができます。

志望校を決めることは、目標を定めることであると同時に、具体的な努力をしていく基礎になります。ただ勉強して成績を向上させるというだけでは、どうしても平板的な学習になりがちですが、「この学校に合格しよう」と決意することによって、日々の学習意欲に違いが出てきます。

いつまでに決定しなければいけないということはありませんが、早ければ早いほどいいでしょう。中3の春ごろには、公立にするか私立にするか、進学校を選ぶか、大学附属にするかという方向性は決めておきましょう。そして、中3の夏休み前に第1志望校を具体的に決定しておくと勉強にも身が入ってよいでしょう。

教えてほしい質問があれば、ぜひ編集部までお送りください。連絡先は84ページをご覧ください。

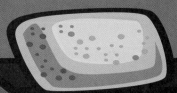

生徒

なんとなく得した気分になる話

先生

身の回りにある、知っていると
勉強の役に立つかもしれない知識をお届け!!

あるの？ないの？想像上の数・虚数

鳥インフルエンザって怖いよね。風邪もそうだけど、ウイルスって目に見えないんだよね。

そうだよ。肉眼では見えない。というより、じつは、電子顕微鏡を使えば見えるよ。ウイルスは単に粒が細かいってだけだからね。そういえば、花粉症の花粉も普段はあまり見えないだろ。しかし、花粉の粒は普通の顕微鏡でも見えるんだ。私は花粉症なので、この見えそうで見えないものに苦しんでいるわけだ(笑)。

大体、目で見られないものをぼくは信じないね。

なにを突然言い出すんだ。見えないものを信じないなんてことはできないよ。電気は見えないけど、電気の存在を信じないのかい？　それから、綱引きのときの力だって見えないけれど、その力の存在はどうする？

そうかあ。確かに見えないものも、認めないといけないわけかあ。

少し難しいけれど、人には心と身体があるのはわかるよね？

心と身体ね、わかるよ。

身体は見えるけど、心は見えない。つまり、人間にも見える部分と見えない部分があるんだよ。

確かにそうだね。

じつは数字の世界にも見える部分と見えない部分があるんだよ。

また数学？　でも、見えない数字の世界ってなに？

それを虚数と言うんだよ。

虚数？

そう。まずは、数字を仕分けしてみよう。普段、君が使っている数は、実数と言うんだ。つまり、見える数字だ。3とか、$\frac{3}{5}$とか、$\sqrt{7}$ とかいろいろあるね。これを英語で言うと、real numberと書く。real は「現実」とか「実際の」という意味があるから、直訳的に言うと"実在する数"になる。

ふーん。－5とかの負の数は実数なの？　あと、円周率のπとかは？

もちろんマイナスの数は温度計を見れば書いてあるし、円周率は道路にあるマンホールの蓋の大きさなどに使うから実数だよ。

じゃあ、虚数ってなに？

これは英語の方がわかりやすい。虚数は imaginary numberと書くんだよ。imaginary は、「想像上の」という意味がある。つまり、簡単に言えば、想像上の数という意味だね。

想像上の数って？

それが虚数なんだけど…例えば、$x^2=-1$となるxは？　これは、いくら考えても実在しない。だって、x^2は正の数または0しかないからね。このように実在しない数を、あたかも実在するように想像した数を虚数と言うんだよ。高校生になると勉強するんだが、$\sqrt{-1}=i$ と表わす。このiは、imaginary numberの頭文字なんだよ。

その虚数を知るとなんの役に立つの？

方程式がすべて解けるようになる。

解けない方程式ってあるの？

厳密にはまだ解明されていない方程式が世の中にはあるけれど、高校までに扱う方程式はすべて解けるようになる。つまり、方程式のxを未知数と言うんだが、この未知なる数がわかるわけだ。未知なる数が解明されるなんてロマンティックだろ？　虚数がわかることでワクワクしない？

しないなあ…だって、よくわからないよ。要するに虚数はなんなの？

禅問答のようだな（笑）。見えない数字だよ。

見えないのに文字で表せる？　おかしくない？　だって、見えないんでしょ？

じゃあ、話を戻すようだが、電気は見えないけど「電気」と漢字で書けるじゃないか。

わかったよ。認めるよ。なんか、ダマされてるよな。見えないのに見える。なんか、納得いかないよ。

虚数は英語でなんだった？

imaginary number

そう。もともと想像上の数なんだから、簡単に納得がいくわけがない。あきらめなさい。

先生が説明放棄？

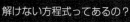

サクセスランキング

Success Ranking

年間雨日数・快晴日数ランキング

じめじめとした梅雨の時期がやってきた。雨の日が多いこの時期は、快晴の日がいっそう嬉しく感じられるんじゃないかな。そこで今回は、都道府県別の雨日数と快晴日数のランキンあいに特徴がある。１年間で雨日数・快晴日数が多い県にはどのような気候の特徴があるのだろう？　ランキングを見ながら考えてみよう。

年間雨日数

順位	都道府県	日数（単位：日）
1	**石川県**	**80.6**
2	富山県	79.1
3	福井県	77.0
4	鳥取県	63.7
5	新潟県	62.5
6	宮崎県	60.6
7	高知県	58.3
8	静岡県	57.4
9	鹿児島県	56.8
10	島根県	56.6
11	秋田県	56.1
12	岐阜県	53.9
13	熊本県	51.9
14	滋賀県	51.6
15	沖縄県	50.1
16	佐賀県	49.6
17	神奈川県	48.9
18	長崎県	48.1
19	千葉県	48.0
20	愛知県	47.2

年間快晴日数

順位	都道府県	日数（単位：日）
1	**埼玉県**	**58.6**
2	宮崎県	52.7
3	静岡県	52.4
4	山梨県	44.8
5	高知県	42.4
6	茨城県	41.9
7	佐賀県	41.8
8	群馬県	41.2
9	東京都	40.3
10	岐阜県	39.4
11	栃木県	37.6
12	千葉県	36.3
13	神奈川県	35.0
14	三重県	34.8
15	岡山県	34.5
16	大分県	34.2
17	長崎県	33.6
18	熊本県	33.3
19	鹿児島県	32.3
20	愛知県	31.9

※日降水量が10mm以上の日を雨日とし、雲量が1.5未満の日を快晴と定義する。

データ：気象庁　観測データ（2010年）

MEISEI

世界の星を育てます

エクストラスタディで応用力養成・弱点克服します。
また、英語の多読多聴を導入し英語の力を伸ばしています。

学校説明会

第1回 9月28日（土）
14:00～
［部活動相談］

第2回 10月19日（土）
14:00～
［明星の国際教育］

第3回 11月16日（土）
14:00～
［生徒が作る説明会］

第4回 11月24日（日）
10:00～
［卒業生ディスカッション］

第5回 12月 1日（日）
10:00～
［入試出題傾向］

※予約不要

オープンキャンパス

第1回 7月27日（土）
9:00～15:00

第2回 7月28日（日）
9:00～15:00

第3回 8月24日（土）
9:00～15:00

第4回 8月25日（日）
9:00～15:00

※予約不要
※ミニ説明会を行う予定です。

体験授業

8月24日（土）※要予約

体験入部

8月25日（日）※要予約

明星祭／受験相談室

9月21日（土）･22日（日）
9:00～15:00
※予約不要

学校見学

月～金　9：00～16：00
土　9：00～14：00
※日曜・祝日はお休みです。
※事前にご予約のうえ
ご来校ください。

ご予約、お問い合わせは入学広報室まで　TEL.FAX.メールで どうぞ

明星
MEISEI

明星高等学校

〒183-8531　東京都府中市栄町１－１　入学広報室
TEL 042-368-5201（直通）　FAX 042-368-5872（直通）
（ホームページ）　http://www.meisei.ac.jp/hs/
（E-mail）　pass@pr.meisei.ac.jp

交通／京王線「府中駅」
　　ＪＲ中央線／西武線「国分寺駅」
　　┐より徒歩約２０分
　　┘またはバス（両駅とも２番乗場）約７分「明星学苑」下車
　　ＪＲ武蔵野線「北府中駅」より徒歩約15分

受験情報

15歳の考現学

都立高校の自校作成問題が単独作成ではなくなり
グループ校による問題作成に変わることで
大学進学実績による序列化はさらに進むだろう

私立高校受験

どう変わる
2014年度入試変更点

公立高校受験

2013年度東京都
公立高校入試結果

高校入試の基礎知識

神奈川公立高校
入試改革２年目の
来春入試はどうなる?

神奈川

神奈川県公立高等学校の入試日程決まる

来春受検となる、2014年度の神奈川県公立高等学校（全日制）の入試日程が下記のように発表された。

[募集期間]
2014年1月29日（水）～31日（金）
[志願変更期間] 2月5日（水）～7日（金）
[学力検査等] 2月14日（金）
[面接・特色検査]
2月14日（金）、17日（月）· 18日（火）
[合格発表] 2月27日（木）

東　京

東京都育英資金予約募集始まる

公益財団法人東京都私学財団では、来春2014年度に高校進学予定の中学３年生に対して、奨学生の予約募集を行っている。

[対象者] 都内に住所があり、来春高校または専修学校高等課程に進学を希望する中３生。
※学業成績は不問、所得審査あり。
※進学先の高校等は、他県に所在する学校も対象。
[予定人員] 700人程度
[貸付月額] 国公立18,000円、私立35,000円（2013年度）
[返還方法] 卒業６カ月後から11～13年間で返還（無利子）
[申込方法] 在学する中学校で申込書類を受け取り、在学校を通じて申し込む。締切日は各学校で指定。

森上《もりがみ》 展安《のぶやす》

森上教育研究所所長。1953年、岡山県生まれ。早稲田大学卒業。進学塾経営などを経て、1987年に「森上教育研究所」を設立。「受験」をキーワードに幅広く教育問題をあつかう。近著に『教育時論』（英潮社）や『入りやすくてお得な学校』『中学受験図鑑』（ともにダイヤモンド社）などがある。

Educational Column

15歳の考現学

都立高校の自校作成問題が単独作成ではなくなり グループ校による問題作成に変わることで 大学進学実績による序列化はさらに進むだろう

都立進学指導型15校 3グループでそれぞれ問題作成

東京都教育委員会の3月の発表によれば、来年度から都立高校の入試が、独自作成から進学指導型15校の3グループ（進学指導重点校、進学重視型単位制高校、併設型高校〜中高一貫教育校）でそれぞれ共通問題化され、そのほかの従来の共通問題であった都立高の入試と2種類に絞られることになりました（ただし、普通科に限る）。

主たる理由は、おそらく作問能力の都合でしょう。共通化することで問題の質を維持しよう、ということです。進学指導重点校以外はすでに共通問題であったので、この変更は独自入試をしていた進学指導重点校での変化です。受検生にとっては、いわば標準的な一般都立の入試と、応用的な進学指導重点型高校の入試、2つのレベルが示されることになりますね。

したがって、**西**や**日比谷**などのいずれかをめざして学校別の対策をするのではなく、普通レベルの都立入試か、進学指導重点型レベルの都立入試かの、2つのレベルどちらを目標にするか、というシンプルな選択になります。

そのうえで、進学指導重点型高校が同じ基準で合否が決まる、というわけではない点がよく注意しなくてはならない点です。

つまり、同じ問題をやっても合否は進学指導重点校なら進学指導重点校個々の基準で判定しますから、そこには、おのずと受検生の選択と集中が起こるだろう、ということです。

言い方を変えれば、例えば**西**より**日比谷**の方が受かりやすいかどうか、という入り口の問題は、より出口の結果に左右されることでしょう。

というのも今年の春の大学入試結果のように、**日比谷**より**西**の東大合格実績がよいとなると、その出口の結果をみて、上位成績者が**日比谷**より**西**を受検する傾向が強まれば、そのことが入り口のレベルを左右することになります。

これは各校にとって由々しきことですから、進学重点校はよりよい生徒に来てもらうために大学進学実績に対して、より熱心にならざるをえません。

もちろん、学校というのは選抜す

る、という機能が大きなウエイトを占めますから、もともとそれは十二分に意識されていますが、なにぶん、高校生活は3年ですから、3年で仕上げるのに、入り口での出来上がり具合は大きな意味を持っています。

従来のように、それが各進学指導重点校同士の入り口で別の入試ならば傾向によって選択ができるので、必ずしも出口の序列そのままの並びが、入り口の序列にはなりにくいでしょう。いくらか分散されるはずです。

やはり受検生には傾向によって得意不得意がありますから、それでも分散するでしょうし、出題する側も自らのなかで選抜するのですから、その問題に個性を発揮することになります。それがまた受検生の分散を促すはずです。

ところが、これが共通問題ということになれば、受検生にとって入り口での個性はなくなり、専ら《もっぱ》校風によって学校を選択することにもなりますが、選択の最上位を占める動機は出口序列になるでしょう。

その結果、進学指導重点型高校のなかでの入り口の序列がこれまで以上に顕在化する可能性があります。

素直に言えば、現在7校ある進学指導重点校のなかでも、数校の突出した難関校と、そうでない学校が生まれるはずです。

幸い、突出した1校として**日比谷**があるのではなく、現在は**西**も、あるいはときには**戸山**も優位に立ったりしていますから、現状で大変な出口実績のハンディがついているわけではありません。

しかし、こうした方法の選抜を何年か繰り返せば必ず1～2強の学校が生まれてくると予想しておきます。

もっともそうなればなったで、その一強は固定するか、と言えば必ずしもそうとは言えないかもしれません。

例えば、今年の**西**のように、進路指導ノウハウがあり、また、その発揮があっていきなり前年の倍の東京大実績が出たりします。

そうすると、入り口は**日比谷**より入りやすいという評価が仮にあれば、受検生は出口重視で**西**を選ぶでしょう。そういった比較が外部によってなされるのもいたしかたありません。

このうちのトップもしくはトップグループの都立高校の東大実績は現在より相当多くなることが見込まれます。こうして一極集中が進んでいくことになります。

学校間の競争や序列化は学び方にはね返ってほしい

現象的にみれば都立名門校の大復活ということになるのでしょうが、受検生にとってそのような学校が生まれることにどんな意味があるのでしょうか。

例えば東京大で物理学の講義をされている清水明教授が、「教科書を読んでわかる学生は講義に出なくてよい」という宣言を講義の最初にするのだ、と日本経済新聞に先日紹介されていました。

それは物理学のよい教科書というものは、読めば読むほど疑問が湧いてくるものだから、「教科書を読んでわかる」というレベルが表面的理解にとどまるならば、講義を聞いて得るものはない。教科書を読み込んで疑問を持って授業に出てほしい――そんな内容だったように記憶しています。

東大というトップレベルの大学というのはこうあるべし、という感を強くしたのですが、つまり優秀な人材を集めたならばそれだけの深い学習を強いるような授業がなくてはならない、と思います。

都立の入試改革で生じる今後の学校差は、筆者の予想通りではないかもしれません。

ですが、過去の多くの入試改革からはかなり予想の確度は高いと考えています。そしてそうなることも今後の少子化を考えれば1つのあり方かもしれないとも思います。

そうであるならば、傑出して優秀な生徒を集めてなにをするのか。東京大の入試に適した生徒を作って終わりでは残念です。より深く学ぶことができる学校こそ必要と思います。

つまり東京大の入試に学ぶ以上に、東京大の清水教授のめざされているような、より深く学ぶことを範とした学校を作りあげることに意義を見出してほしいと筆者は考えます。

そのためには、やはり自学自習して考えを深めることができる習慣をすべての授業で実現する必要があるでしょう。

現在の進学指導重点型高校で、どれほどそうしたことが可能になっているのか筆者は研究不足で知りませんが、「東京大進学志向」とは「東京大での学び方志向」であってほしいですね。

しかし、こうした学び方は東京大に限らず、心ある教育者はみなそうでありたいと考えているとも思います。

高校受験勉強の合間に、ぜひこうしたことも考え、ぜひそうした高校進学先を選んでください。よい教育を求める生徒こそ、よい学校を作ることができます。

私立 *Inside*

首都圏私立高校
どう変わる2014年度入試変更点

1学期もなかばとなり、首都圏私立高校の募集内容変更がニュースとなって聞こえてきます。コースの再編など細かい変更は9月号のこのコーナーで掲載する予定ですが、これまで公表されている学校について、ここでお知らせすることにしました。

私立高校の入試は、そのときどきの人気コースや他校とのかねあいにより、さまざまに変更されます。最近では、前年通りの入試という学校の方が少なく感じるほどです。

共学化や募集人員の変更、コースの変更、再編、女子では制服の変更頻度も高くなっています。

朋優学院（東京）が実業系の募集をやめ、普通科募集一本に絞ります。またクラスの新設では、**東京成徳大高**（東京）が特別進学コースのなかに「Sクラス」を設けます。

青山学院、**東京家政学院**、**立正**などは、附属中学の3年生が例年より少ないために、高校募集数を増やす可能性があります。

このほか、これまでに編集部に入ってきた各校の変更点を以下に並べてみます。

■高校募集開始

・**秀明**（埼玉）　全寮制の中高一貫校として全国から受験生を集めている秀明が、2014年度から高校募集を開始することになりました。

■高校募集停止

・**高輪**（東京）　わずかではありましたが、高校での募集を継続していた高輪が（2013年度入試ではそれまでの25名を15名に縮小していた）、2014年度から高校募集を停止することになりました。

・**京北学園白山**（東京）　高校募集を停止しますが、2017年度から共学校として高校募集を再開する予定です。

■共学化

・**安田学園**（東京）　2014年度から中学と同時に共学化し女子の募集を開始します。新校舎建設、また、現校舎もリニューアルされ、制服も新たになります。

・**中央大学附属横浜**（神奈川）　2014年度から共学化し、男子の募集を開始します。中学校はすでに2

来春の共学化にともない新制服を発表した安田学園

０１２年度から共学化されています。

なお、共学化については、２０１５年度には**京北**（東京・男子校）、**小松原**（埼玉・男子校）が、２０１６年度には**法政大学第二**（神奈川・男子校）が、２０１７年度には前述の**京北学園白山**（東京・男子校）、**新渡戸文化**（東京・女子校、中学校は２０１４年から共学化）が、共学化を予定しています。

・**岩倉**（東京）　２０１４年度から普通科・運輸科を共学化し、女子の募集を開始します。これに伴い、機械科、商業科の募集を停止します。募集定員全体は１５００名のままで、普通科４５０名を９００名に、運輸科４５０名を６００名に増やします。

■入試日程

入試日程の変更は、日曜日の関係で変更されたりします。とくにプロテスタント校では日曜日に入試を行うことはほぼありません。

また、併願されるであろう他校との関係で前年度とは違う日程になることもあります。

来年度は東京都立高校の入試日程で、推薦入試は２０１４年１月26日（日）、27日（月）となり、今春入試より１日早く、学力検査入試（第１次募集）は同２月24日（月）で、こちらは今春入試より１日遅くなっています。

このため、東京の私立高校は入試日程を変更するところが多くなる可能性がありますので、各校のホームページに注意しておきましょう。

都立高校の学力検査入試が１日遅くなるのは、２月23日に東京マラソンが行われ、交通渋滞が予想されるための措置だということです。

千葉県の私立高校は、前期・後期の募集を継続していますが、後期の募集比率は８％台まで減ってきており、来年度以降、ますます二次募集的な扱いになっていきそうです。

２０１４年度の各都県私立高校入試日程（予定）

■東京
推薦入試　1月22日以降
一般入試　2月10日以降

■千葉
前期　1月10日以降
後期　2月5日以降

■埼玉
学力試験日　1月22日以降

■神奈川
学力試験日　1月22日以降

2013年度東京都公立高校入試結果

今年度の都立全日制一般入試は、実倍率が1・4倍台と昨年に続き高い水準となりました。また、不合格者は1万2975人と、現在の選抜制度が始まって以来、最多を記録しました。推薦入試では募集枠が縮小されたほか「小論文・作文」と「集団討論」が全校で実施されるなど、受検生には大変厳しい入試でした。

安田教育研究所　副代表　平松享

一般入試の不合格者数 1万3000人に迫る

一般入試の不合格者が増えた原因の1つは、推薦入試の変更にあります。都では今春の入試から推薦制度を大幅に見直しました。

総合学科や単位制の推薦枠を50%から30%に引き下げた結果、推薦の募集人員は前年の1万809人から9173人へ、1600人あまり(約15%)減り、逆に、一般入試の募集人員は前年より1760人増えました。推薦で合格できなかった生徒や、推薦受検を避けた生徒が一般入試に回ったため、一般入試の不合格者数が増えたとみられます。

実質倍率は1・41倍と、過去最高だった昨年の1・42倍にはおよびませんでしたが、4年連続して1・4倍台をキープしました。

下のグラフでは、6年前からの不合格者数の推移を示しました。2007年から2010年まで急激に増加したのは経済の影響と考えられます。都内公立中学校3年生の人数が、増加に転じたことも原因の1つです。

棒グラフの2011年が前年より低いのは、中3生が前年より300人以上減ったため。その後、中3生は続けて増加して、本格的な増加基調に乗りました。

今年の都内公立中3年生の数は、今春より約1700人多くなることが見込まれています。来春の都立不

都立高校不合格者数の推移

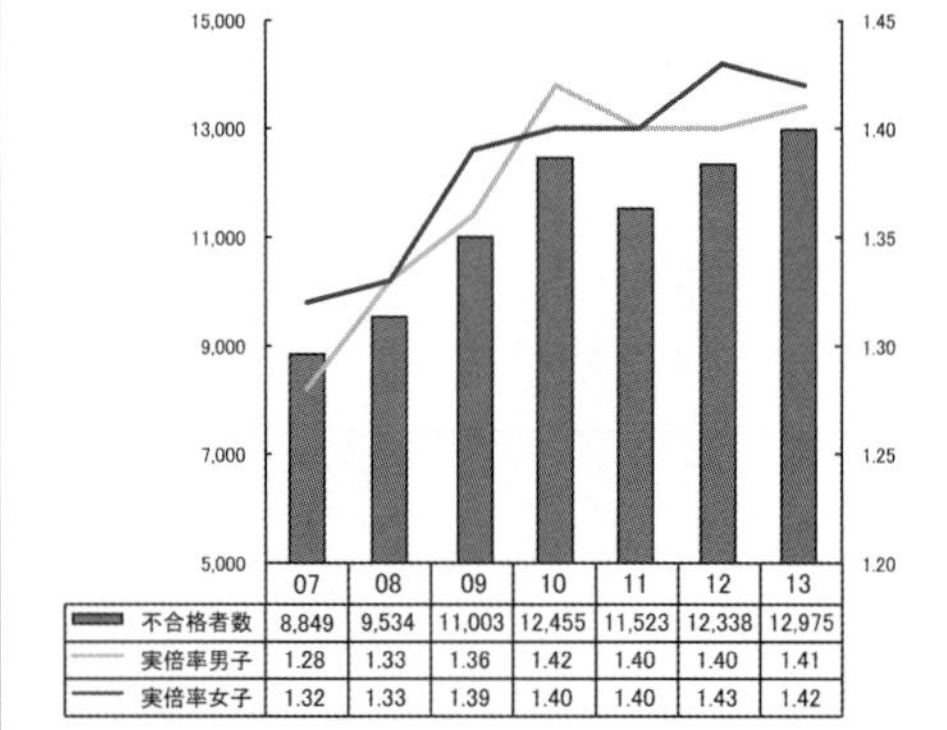

	07	08	09	10	11	12	13
不合格者数	8,849	9,534	11,003	12,455	11,523	12,338	12,975
実倍率男子	1.28	1.33	1.36	1.42	1.40	1.40	1.41
実倍率女子	1.32	1.33	1.39	1.40	1.40	1.43	1.42

合格者数は、さらに増えることが予想されます。

大きく変わった推薦入試

今春から変わった推薦入試のポイントをまとめると、次のようになります。

①推薦枠の縮小《普通科（学区）と商業科商業》…20％（ただし、商業科商業ビジネス、商業科情報処理およびエンカレッジは30％）。《コース制、工業科、農業科、芸術科、保健体育科、国際科、その他産業科、普通科単位制、総合学科など新しいタイプの学校》…一律30％に（来春は一部で20％になる可能性も）。

②「小論文又は作文」と「集団討論・個人面接」を原則全校で実施。

③選考では、調査書点の割合を50％以下に止め、「集団討論・個人面接」などの得点分布を、3月中に各校のHP上に公開。

変更の影響で、普通科単位制や総合学科では、倍率が急上昇（コース制…前年1・80倍→今年2・88倍）し、逆に工業科や農業科では下がりました。

都立高校推薦入試集団討論のテーマ

学校生活や行事に関する話題	「充実した高校生活を送るために必要なことは？」(戸山)、「リーダーシップを発揮する上で大切なもの」(日比谷)、「携帯型音楽プレーヤーやマンガの校内持込の是非」(竹早)、「係り決めで特定の係りだけが決まらない場合どうするか」(本所)、「合唱コンクールをよりよくするには？」(小平)など。
特定の状況を設けて	「漂着した無人島に一つだけ持っていくとしたら？」(小山台)、「留学生が来る。東京観光を行うことになった際の行き先と案内するときに、気をつけること」(両国)
社会的な問題	「地球温暖化を抑制するには／地域とのつながりの大切さ」(青山)、「内閣府の「国民の意識調査のグラフ」を見て感じたこと、考えたこと」(西)、「選挙権を18歳に引き下げるべきか否か」(新宿)
専門に関する話題	「コンビニの24時間営業は必要か？」(大田桜台)、「幼児用のイスを作るのに必要なことは？」(工芸)、「町にゴミ箱は必要か、必要でないか？」(農業)、「芸術は震災の復興にどう貢献できるか？」(総合芸術)

集団討論はどう行われたか

話題を呼んだ集団討論は、どう行われたのか。受検した生徒のアンケートから、検査の内容の一部を紹介しましょう。

左上表のように、テーマはさまざまでしたが、学校生活や行事、中学校の学習に出てくるような身近な内容が多かったようです。

検査は「小論文又は作文」→「集団討論」→「個人面接」の順で進み、検査日を2日間とした学校のほとんどは1日目に「集団討論」まで終わらせ、2日目に「個人面接」と「集団討論」を午前部、午後部に分けて実施しました。

逆転は起きたのか

今回の改訂では、これまで調査書の成績だけで合否が決まると言われていた推薦入試を、調査書の点数を逆転できる仕組みに改める狙いがありました。

そのため、その他の検査で点数の違いが生まれるよう、調査書以外の個人成績の分布を各校のHP上に公表することが義務付けられ、公開されました（下図は**日比谷**のHPに載った男女混合の分布グラフから作成）。

実際に逆転が起きたかどうかは、中学校に送付された個人別成績を比べてみなければわかりませんが、可能性について**日比谷**を例に考えてみましょう。

日比谷の各検査の得点と総合得点に占める割合は、調査書450点（50％）、集団討論・個人面接300点（33％）、小論文150点（17％）でした。

一方、**日比谷**の推薦受検者の調査書

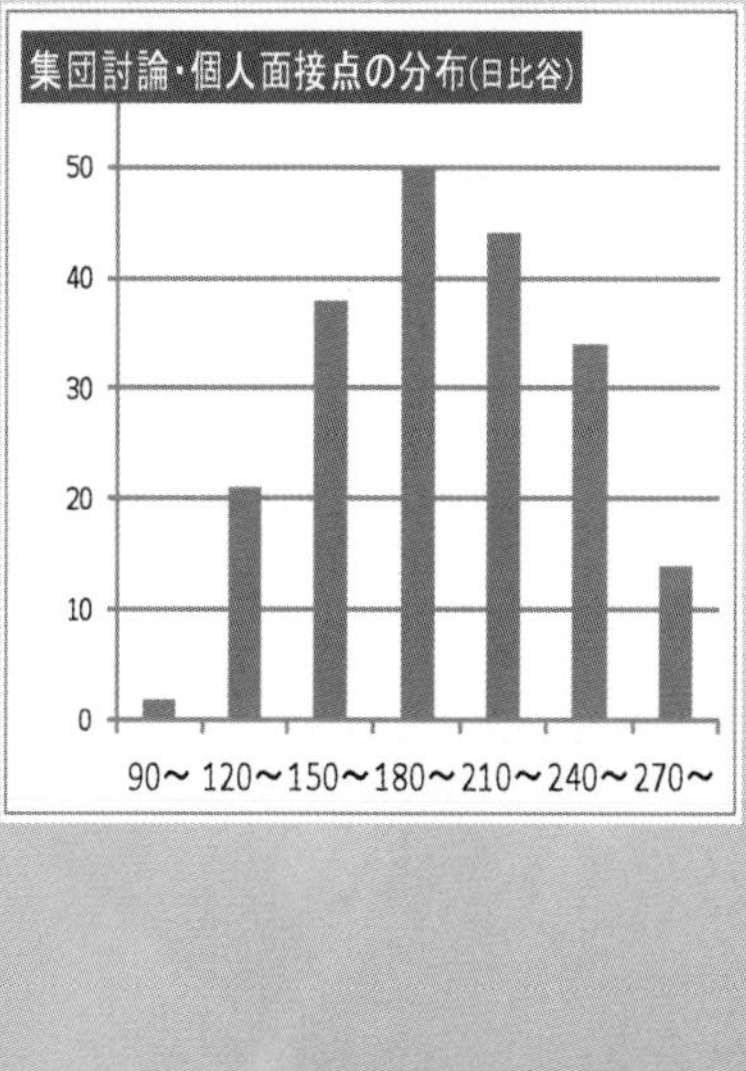

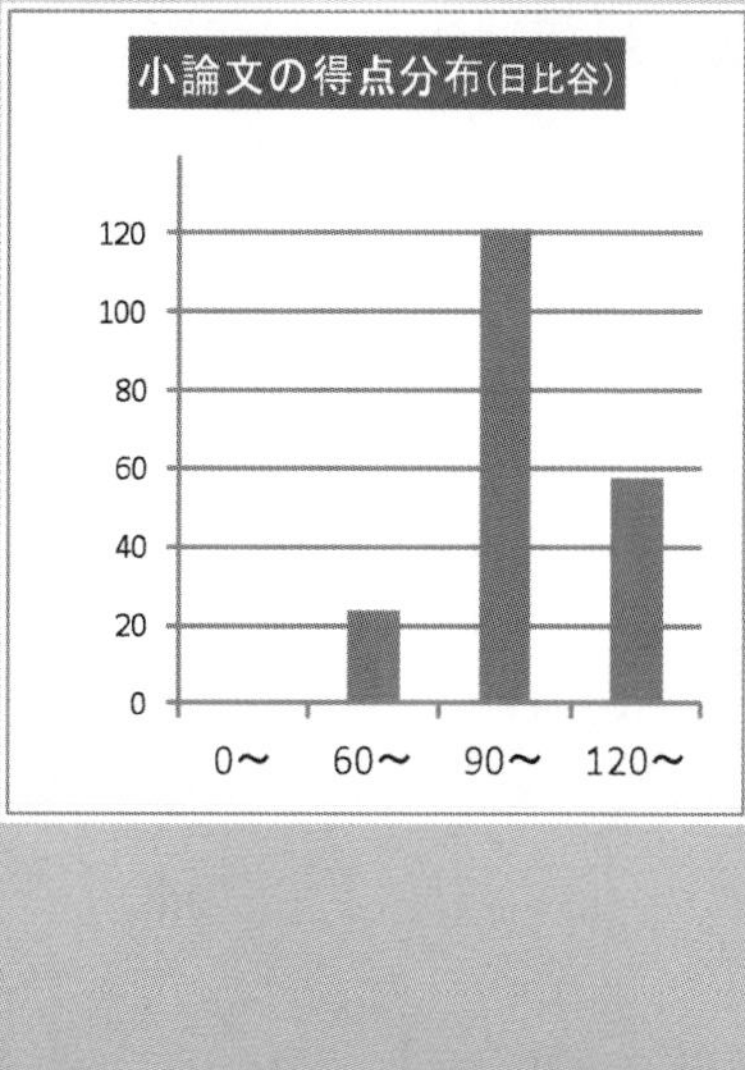

の成績はオール5か、その付近とみられますから、調査書点は420～450点に分布すると考えられます。

ところが、先のグラフのように、その他の検査（小論文と集団討論）の得点は広く分布しています。調査書がオール5でも、その他の検査で簡単に逆転されてしまう可能性が高くなりました。

日比谷以外の学校でも、その他の検査の得点分布が広いことで、調査書点の差を上回る得点をとり逆転するケースは、数多く起こったと想像できます。

不合格者数の多い学校

今年、一般入試の不合格者数の多かった学校を、受検者数と不合格者数を↓でつないであげてみましょう。

①**新宿**…612人↓319人、②**日比谷**…551人↓263人、③**駒場**…503人↓244人、④**北園**…504人↓244人、⑤**三田**…479人↓238人、⑥**戸山**…491人↓226人、⑦**国立**…490人↓226人、⑧**国際**…346人↓225人、⑨**国分寺**…443人↓216人、⑩**鷺宮**…439人↓215人、⑪**文京**…494人↓205人などとなっています。

新宿、**駒場**など、進学指導特別推進校、**北園**、**三田**など進学指導推進校、**戸山**、**国立**など進学指導重点校の受検者が多く、そのぶん不合格者数も多くなっています。

進研Vもぎの合格基準で5つのレンジ（800点以上、～730点、～630点、～530点、～460点、450点未満）に分け、レンジごとの不合格者数の前年と比べると、

800点以上で増えたのは、男女とも**国立**（男子34人増、女子39人増）など。減ったのは**西**（58人減）、**小山台**（45人減）など。男女合同募集の**国分寺**（57人増）や**国際**（43人増）も増えています。最上位に位置する学校は相変わらず高倍率でした。

男子の～730点と～630点では、不合格者数が合計で前年より400人近く増加しています。大幅に増えたのは、**北園**（56人増）、**駒場**（48人増）、**江戸川**（35人増）など。

女子では、**小金井北**（46人増）、**豊島**（27人増）など。コース制では**小平**の外国語コース、**深川**の同コースも増えています。

「大学合格実績」と「国際」が今年のキーワードだったようです。

都立高校 普通科一般枠 入試結果推移

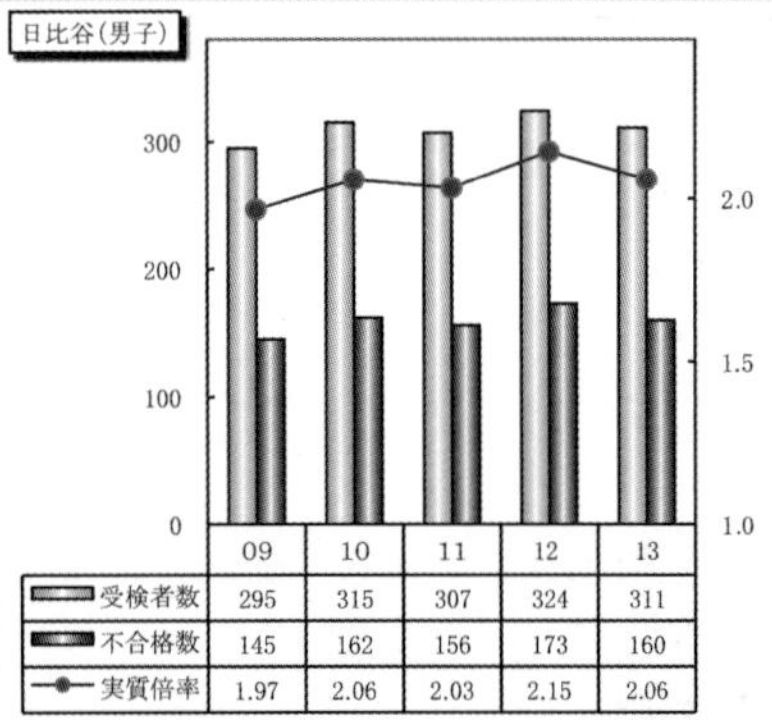

	09	10	11	12	13
受検者数	295	315	307	324	311
不合格数	145	162	156	173	160
実質倍率	1.97	2.06	2.03	2.15	2.06

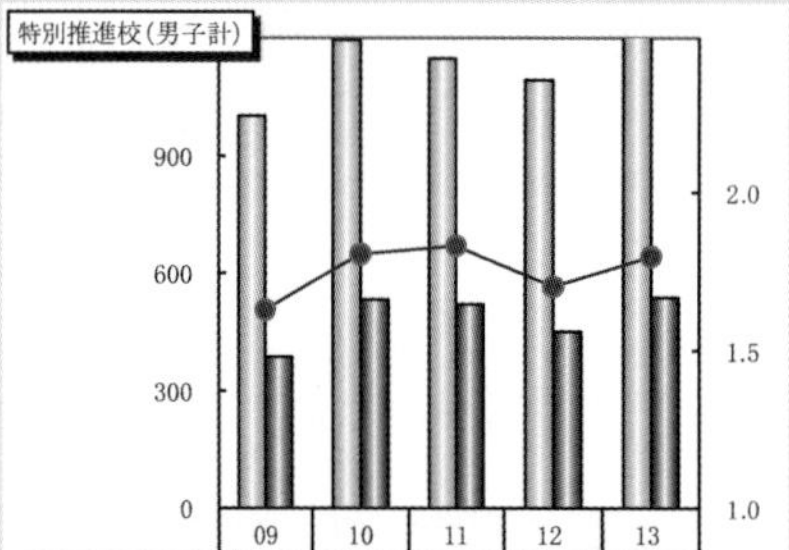

	09	10	11	12	13
受検者数	1002	1195	1148	1093	1213
不合格数	387	533	521	451	538
実質倍率	1.63	1.81	1.83	1.70	1.80

※国際を除く

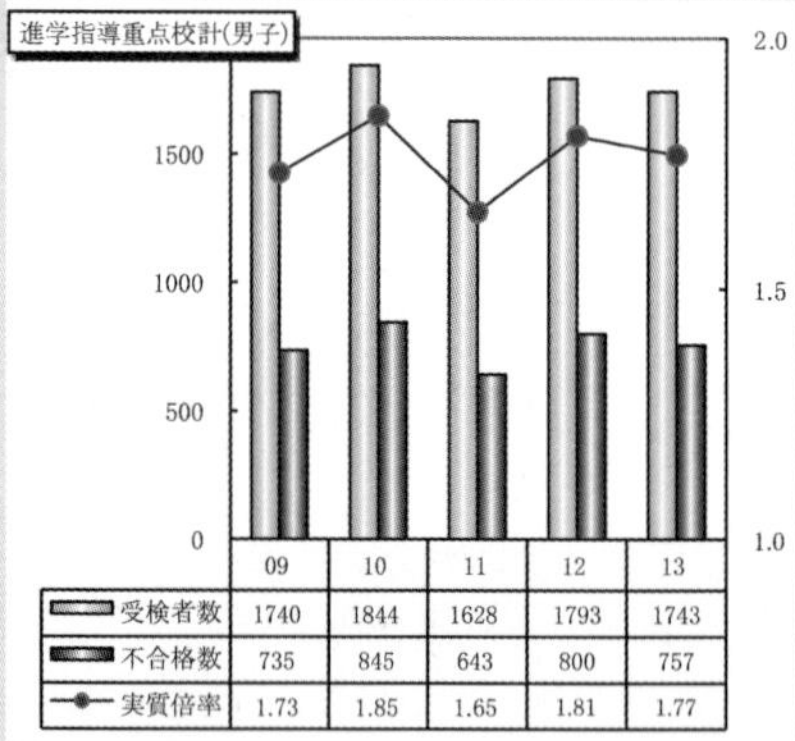

	09	10	11	12	13
受検者数	1740	1844	1628	1793	1743
不合格数	735	845	643	800	757
実質倍率	1.73	1.85	1.65	1.81	1.77

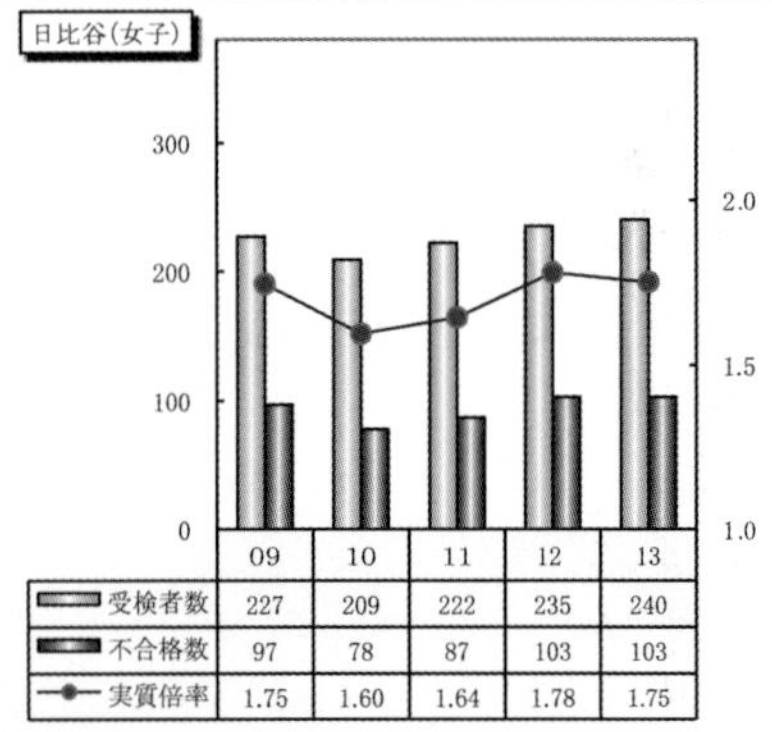

	09	10	11	12	13
受検者数	227	209	222	235	240
不合格数	97	78	87	103	103
実質倍率	1.75	1.60	1.64	1.78	1.75

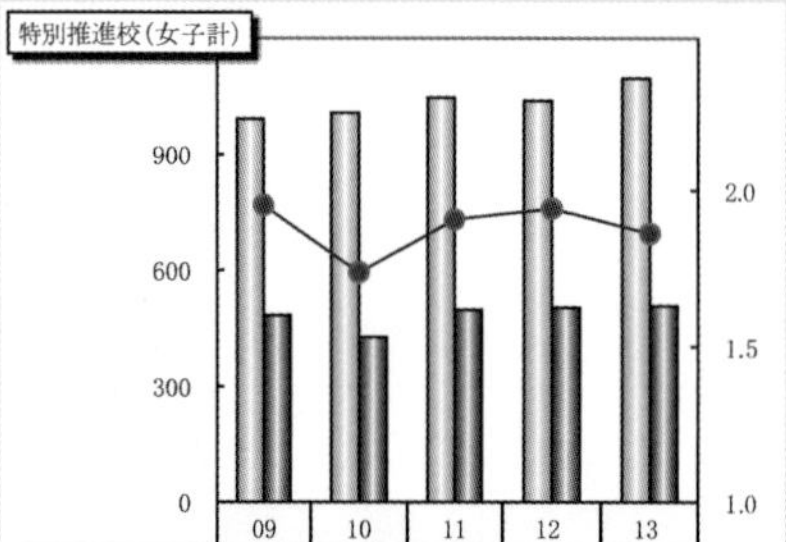

	09	10	11	12	13
受検者数	992	1008	1047	1039	1097
不合格数	484	428	498	504	508
実質倍率	1.95	1.74	1.91	1.94	1.86

※国際を除く

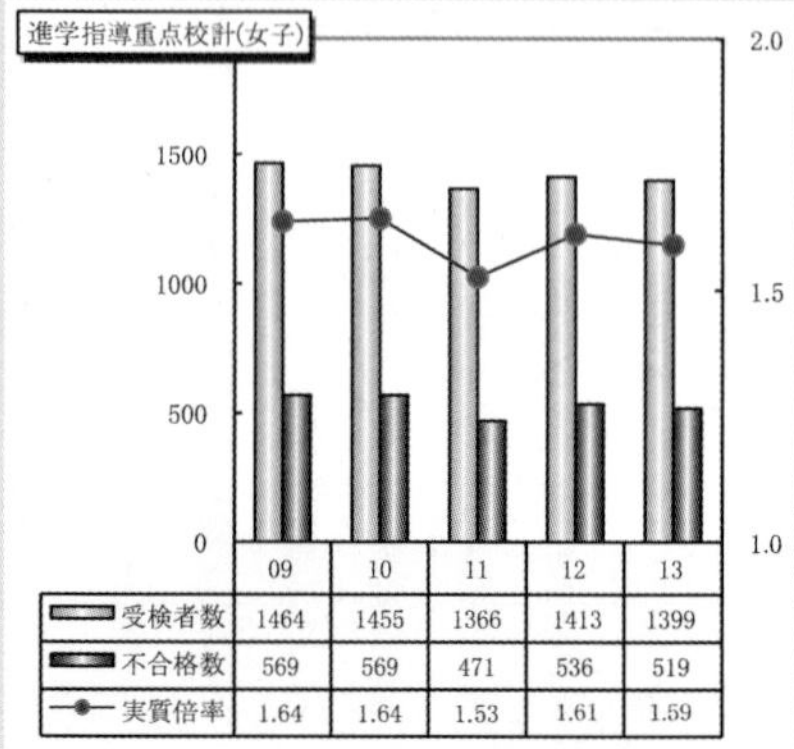

	09	10	11	12	13
受検者数	1464	1455	1366	1413	1399
不合格数	569	569	471	536	519
実質倍率	1.64	1.64	1.53	1.61	1.59

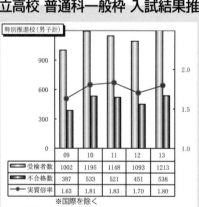

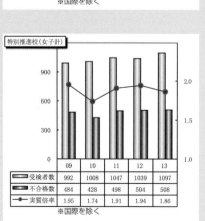

西(男子)

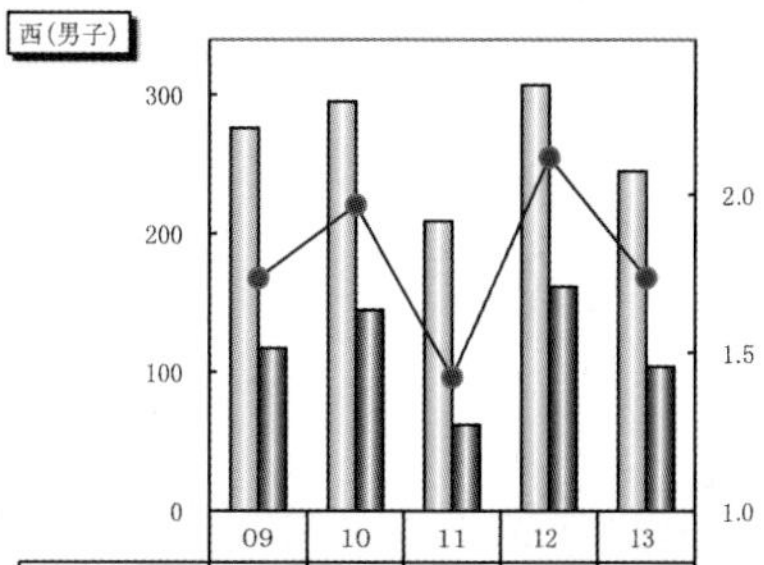

	09	10	11	12	13
受検者数	276	295	209	307	245
不合格数	117	145	62	162	104
実質倍率	1.74	1.97	1.42	2.12	1.74

青山(男子)

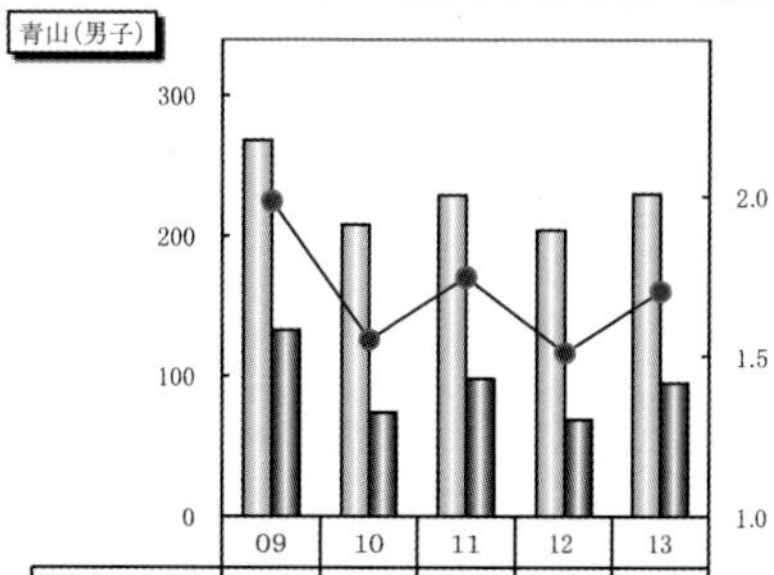

	09	10	11	12	13
受検者数	268	208	229	204	230
不合格数	133	74	98	69	95
実質倍率	1.99	1.55	1.75	1.51	1.70

戸山(男子)

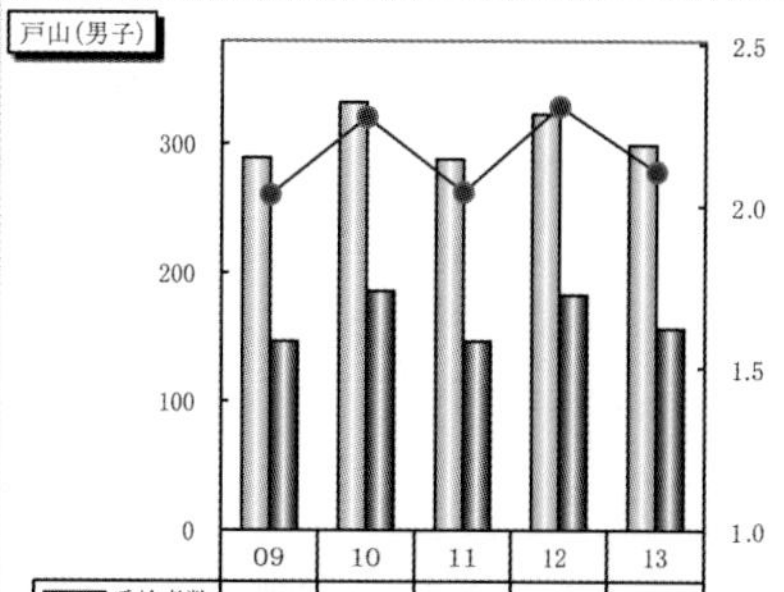

	09	10	11	12	13
受検者数	289	332	288	323	299
不合格数	147	186	147	183	157
実質倍率	2.04	2.27	2.04	2.31	2.11

西(女子)

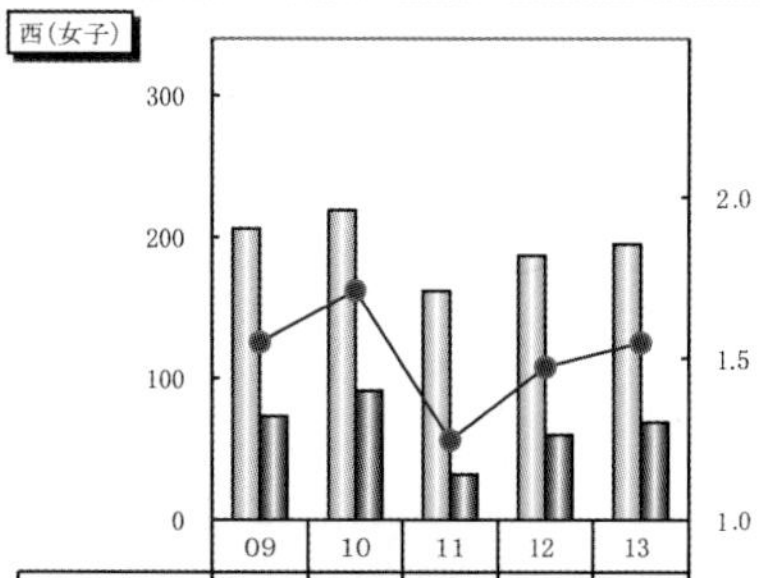

	09	10	11	12	13
受検者数	206	219	162	187	195
不合格数	73	91	32	60	69
実質倍率	1.55	1.71	1.25	1.47	1.55

青山(女子)

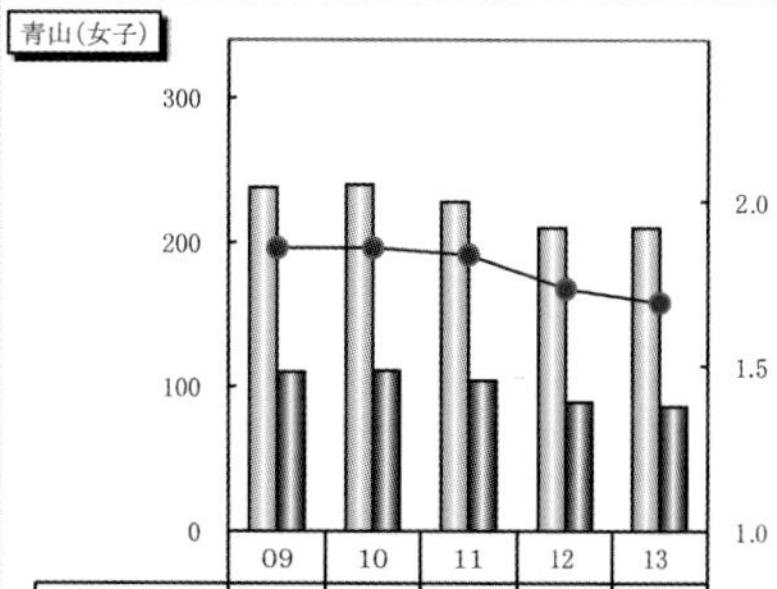

	09	10	11	12	13
受検者数	238	240	228	210	210
不合格数	110	111	104	89	86
実質倍率	1.86	1.86	1.84	1.74	1.69

戸山(女子)

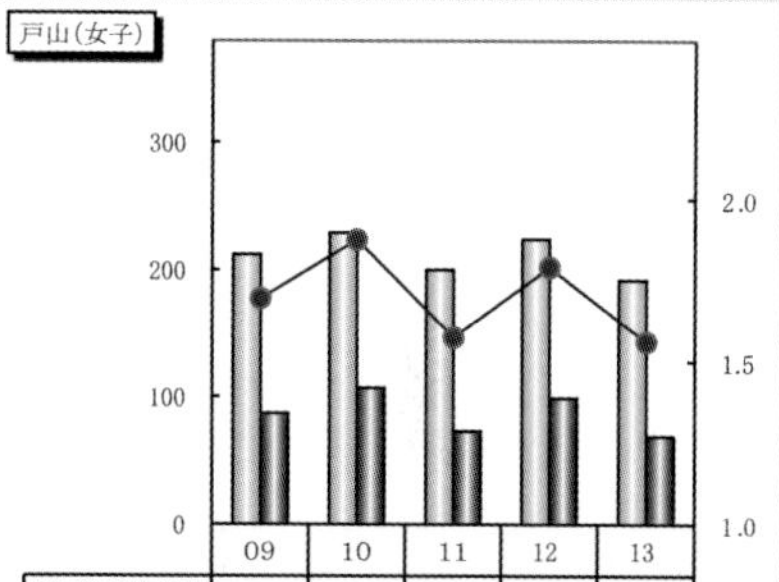

	09	10	11	12	13
受検者数	212	229	200	224	192
不合格数	87	107	73	99	69
実質倍率	1.70	1.88	1.57	1.79	1.56

国立(男子)

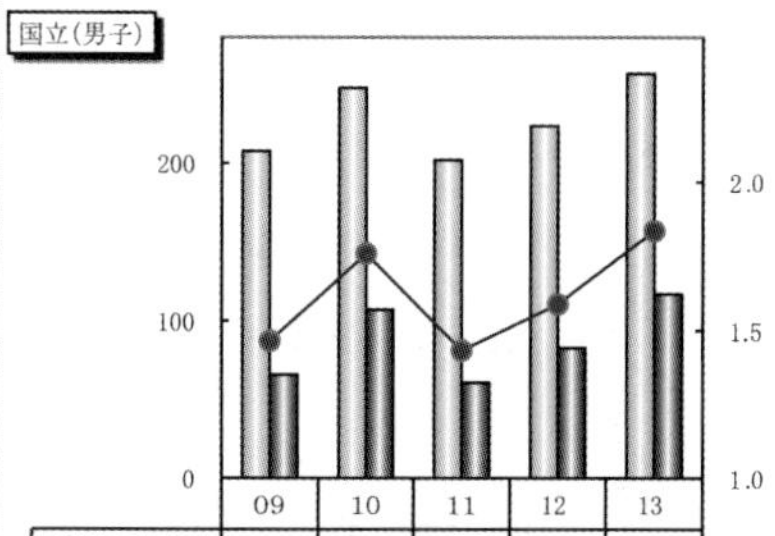

	09	10	11	12	13
受検者数	208	248	202	224	257
不合格数	66	107	61	83	117
実質倍率	1.46	1.76	1.43	1.59	1.84

立川(男子)

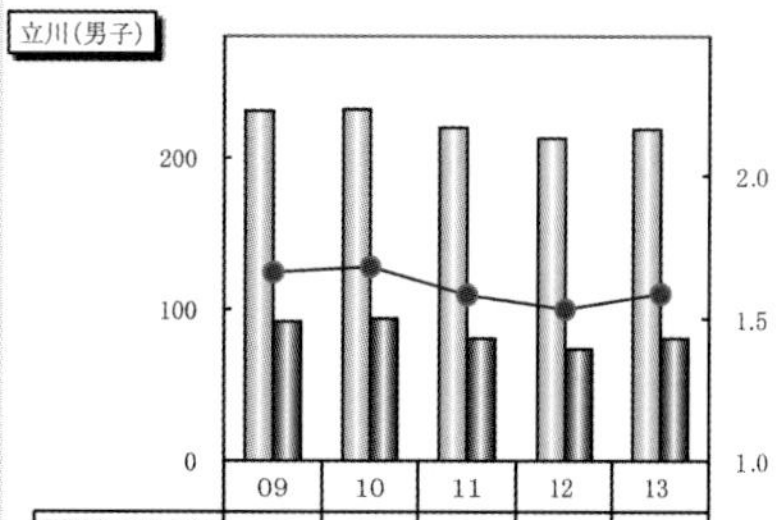

	09	10	11	12	13
受検者数	231	232	220	213	219
不合格数	92	94	81	74	81
実質倍率	1.66	1.68	1.58	1.53	1.59

八王子東(男子)

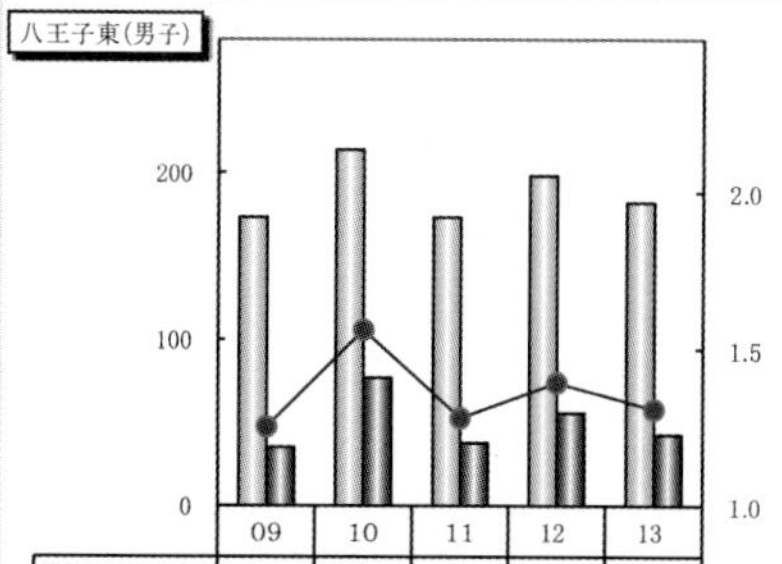

	09	10	11	12	13
受検者数	173	214	173	198	182
不合格数	35	77	38	56	43
実質倍率	1.25	1.56	1.28	1.39	1.31

国立(女子)

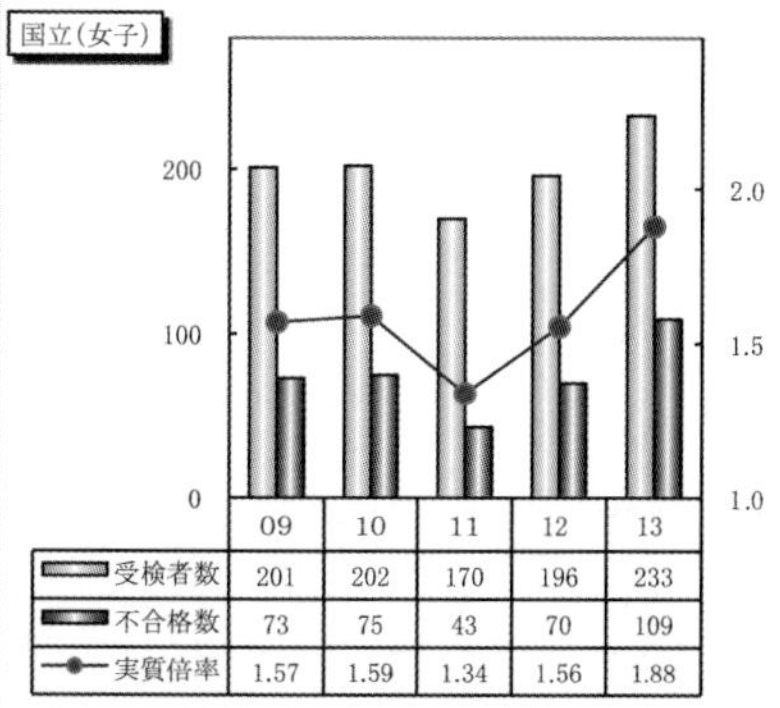

	09	10	11	12	13
受検者数	201	202	170	196	233
不合格数	73	75	43	70	109
実質倍率	1.57	1.59	1.34	1.56	1.88

立川(女子)

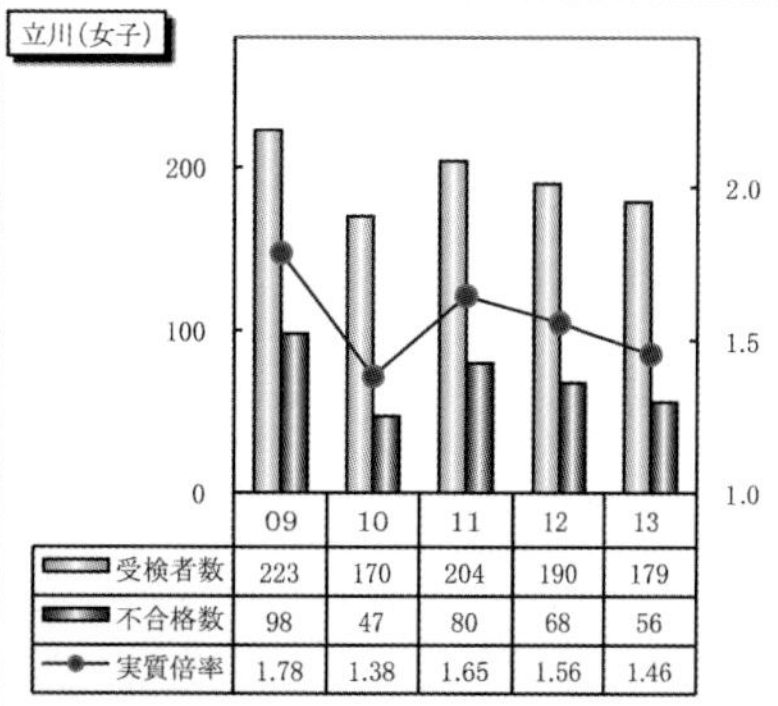

	09	10	11	12	13
受検者数	223	170	204	190	179
不合格数	98	47	80	68	56
実質倍率	1.78	1.38	1.65	1.56	1.46

八王子東(女子)

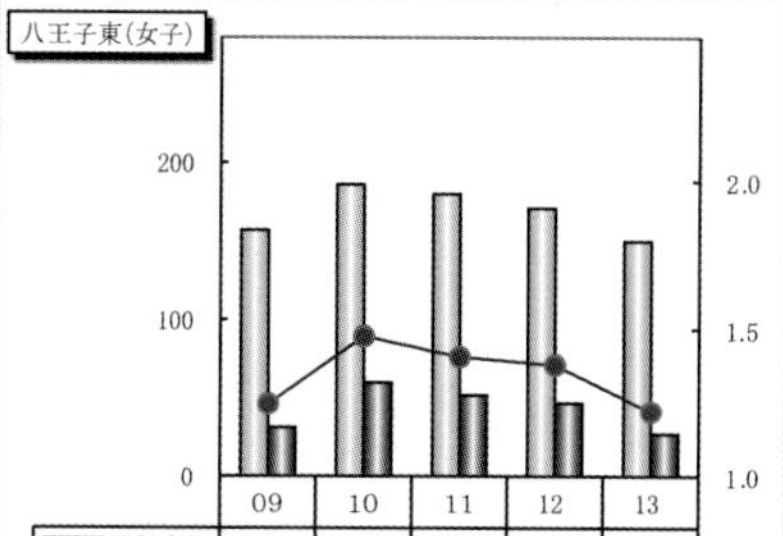

	09	10	11	12	13
受検者数	157	186	180	171	150
不合格数	31	60	52	47	27
実質倍率	1.25	1.48	1.41	1.38	1.22

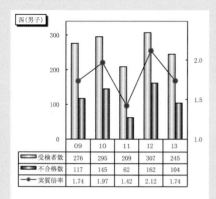

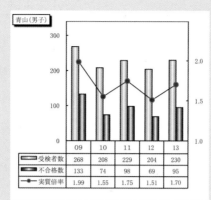

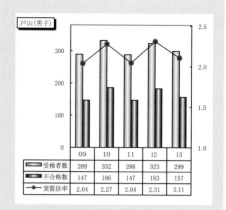

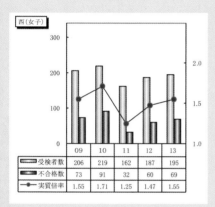

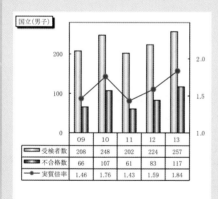

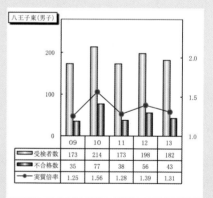

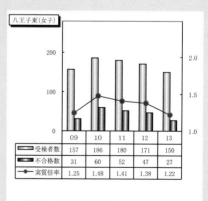

Basic Lecture

高校入試の基礎知識

神奈川公立高校 入試改革2年目の来春入試はどうなる？

首都圏の公立高校では、埼玉県が2012年度から1回型入試に移行、この春の2013年度入試より神奈川県が1回型入試へ移行しました。初めて実施の神奈川県公立高校入試の受検者数や倍率といった数字を追った分析は5月号の「公立クローズアップ」（安田教育研究所）で掲載しました。ここでは、2年目の来春入試以降はどう展開していくのかを見てみましょう。

埼玉・神奈川に続き千葉も1回型入試への動きがある

首都圏では東京都立高校が、「集団討論」の実施など中身は変えましたが推薦入試を残し、2回型入試を継続しています。実際には二次募集がありますので3回チャレンジできる入試です。

1回型入試へと変更した埼玉、神奈川同様の改革について、千葉では中学、高校等へのアンケートを実施、5月20日に開催された「千葉県公立高校入学者選抜方法等改善協議会」に報告されましたが、本誌締め切りまでには公表されませんでした。このアンケートには1回型入試に対する意見を聞く項目もあります。

これまでの議論を見る限りでは現行の入試制度に疑問、課題を感じている意見も多く、千葉も1回型入試へと進む可能性があります。早ければ2015年度入試から、という見方もあります。

神奈川公立高校の来年度入試はどうなる？

さて、1回型入試の初年度を終えた神奈川ですが、2回目となる来年度はどう展開していくでしょうか。

5月号「公立クローズアップ」でお伝えしたとおり、今春の神奈川公立高校の平均倍率は1・17倍でした。前年の2・06倍（前期）、1・40倍（後期）より易化した印象を持った今年度の中学3年生も多いかもしれません。

「公立入試は難しくないぞ」というわけです。

また、中学校の進路指導の先生も今春の結果倍率が示されたことで、各高校の倍率を予想でき、強く安全志向が働いた今春ほどは慎重にはならないでしょう。

その結果、来年度は公立を志望する受検生が増えることが考えられます。平均倍率もこの春よりは上がるのではないでしょうか。

この春の神奈川公立の全日制では、受検後取り消し者が多かったのも特徴です。公立高校を受検した4万9971人のうち341人が受検後取り消しを申し出ています。

とくに人気の高い**横浜翠嵐**と**湘南**の2校は、**横浜翠嵐**80人、**湘南**76人の受検後辞退となっています。これは、**慶應義塾**や**東京学芸大附属**の2次発表が2月17日で、公立共通選抜のあとに行われる、という日程の関係です。

大学進学実績が飛び抜けてよい、この2校の倍率は、来春さらに上がることが考えられます。ただし、志願倍率が2倍を超えても、このように受検後辞退する人数が多いため、定員より多く合格発表することもあって、実倍率は1倍台へと落ち着くのではないでしょうか。この春も結局、合格発表時の実倍率は**横浜翠嵐**1・61倍、**湘南**1・57倍でした。

しかし、この2校と**横浜市立サイエンスフロンティア**、**柏陽**あたりは大学合格実績が堅調なため、倍率は高く維持されそうです。

難関上位校の人気は大学合格実績が影響

2012年度の東大前期の合格者数は、**湘南**20人、**横浜翠嵐**10人でした、2013年度は**湘南**14人、**横浜翠嵐**17人。**柏陽**3人、開校2期生の**横浜市立サイエンスフロンティア**も3人(開校1期生の昨春も3人)、**厚木**2人と続きます。これら各校の倍率は下がりそうにありません。

来春の神奈川は、公立中学卒業予定者数の増加が見込まれています。このため募集定員を増加させる学校が出ることは必至で、定員(募集数)の変化に気をつけたいものです。

逆に、この春、募集数を増やした**希望ヶ丘**や**海老名**などは、募集数を元に戻すことも考えられ、倍率が上がることもありえるので注意が必要と言えます。

自己表現検査の実施増は? 志願先変更期間の短さに注意

この春の選抜方法として、特色検査のなかに導入された『自己表現検査』ですが、全日制では18校が行いました。来春、倍率の高かった上位校では継続されるでしょうが、低倍率となった学校では継続されないかもしれません。逆に新規導入校があるかもしれません。情報に注目したいところです。

新制度について考えれば、志願変更期間の短さが気になります。

志願締切の翌日に倍率等が公表され、その翌日には志願先変更締切というあわただしさなのです。家族とともによく話しあえたのか、が気になります。

志願先の変更は、家庭内でじっくり話しあい、面接シートを書き直し、中学校の担任の先生とも相談したり、書類の書き直しなどの作業を短時間のうちに行わなければなりません。

前もって担任の先生や家族とじっくり話して、もしもの場合にはどうするのかを決めておきましょう。そして、書類などはそれを見越して用意しておく方が得策です。

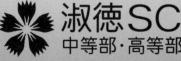

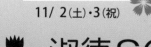

5月号の答えと解説

●問題

ワードサーチ（単語探し）

リストにある英単語を、下の枠のなかから探し出すパズルです。単語は、例のようにタテ・ヨコ・ナナメの方向に一直線にたどってください。下から上、右から左へと読む場合もあります。また、１つの文字が２回以上使われていることもあります。パズルを解きながら、「とき」を表す単語を覚えましょう。

最後に、リストのなかにあって、枠のなかにない単語が１つだけ現れるので、それを答えてください。

A	I	S	Y	A	D	H	T	R	I	B	E
Y	F	O	R	E	V	E	R	W	L	H	D
D	R	L	A	T	Y	Q	L	D	X	O	M
M	W	A	S	P	R	A	E	O	I	T	I
T	Y	I	R	Z	T	A	D	R	K	A	D
N	H	B	E	O	D	E	E	I	O	Y	N
E	C	G	V	L	P	P	S	A	L	B	I
R	V	O	I	M	O	M	E	N	T	O	G
R	T	N	N	L	A	T	E	J	U	N	H
U	E	P	N	D	I	D	A	T	E	S	T
C	N	R	A	O	D	W	X	I	N	U	K
J	G	W	C	U	W	F	T	E	C	O	F
B	N	T	S	Q	Y	R	U	T	N	E	C

【単語リスト】

anniversary（記念日）	current（現在の、流れ）	holiday（休日、祭日）	period（期間、時代）
birthday（誕生日）	date（日付、月日）	latest（最近の、最新の）	suddenly（突然、不意に）
century（世紀）	dawn（夜明け）	midnight（真夜中）	twilight（夕方、たそがれ）
contemporary（同時代の、現代の）	deadline（締切、期限）	moment（瞬間）	【例】
	forever（永遠に）	now（いま、現在）	sunset（日没、入り日）

●解答　latest

A	I	S	Y	A	D	H	T	R	I	B	E
Y	F	O	R	E	V	E	R	W	L	H	D
D	R	L	A	T	Y	Q	L	D	X	O	M
M	W	A	S	P	R	A	E	O	I	T	I
T	Y	I	R	Z	T	A	D	R	K	A	D
N	H	B	E	O	D	E	E	I	O	Y	N
E	C	G	V	L	P	P	S	A	L	B	I
R	V	O	I	M	O	M	E	N	T	O	G
R	T	N	N	L	A	T	E	J	U	N	H
U	E	P	N	D	I	D	A	T	E	S	T
C	N	R	A	O	D	W	X	I	N	U	K
J	G	W	C	U	W	F	T	E	C	O	F
B	N	T	S	Q	Y	R	U	T	N	E	C

解説

「時間」に関する表現も例文で少しあげておきましょう。

I took about 20 minutes to solve the problem.
（その問題を解くのに**約20分**かかった。）

We arrived in Boston two weeks ago.
（**２週間前に**ボストンに着きました。）

I'll be back in an hour.（**１時間後に**戻ってきます。）

My brother goes fishing every weekend.
（兄は**毎週末**釣りに行きます。）

School begins at half past eight in the morning.
（授業は**午前８時半に**始まります。）

これらはほんの一例で、時間に関する表現はいくらでもありますが、行動を起こすとき、または、起こしたとき、時間を意識することが重要であることは言うまでもありません。その意味でも、時間に関する英語表現を読んだり聞いたりする機会があれば、しっかり吸収していくことが大切ですね。

中学生のための学習パズル

今月号の問題

熟語しりとりパズル

スタートから始めて、すでに書かれている漢字や右のカギをヒントに、中心に向けて熟語のしりとりをしながら、すべてのマスを漢字で埋めてパズルを完成させてください。ただし、数字のついているマスは、カギの熟語の1文字目が入ります。

最後に色のついたマスを縦に読む3文字の熟語を答えてください。

→スタート

1 馬			2		3	4 集
11	12		13		14 会	
		20		21		
10	19	24		22	15	5
	18			23		
9	転		17		16	
8 散			7			6 車

【単語リスト】

1 「馬の耳に念仏」に同じ
2 その季節の感じをよく表しているもの。花火大会は夏の○○○
3 「若菜集」「春と修羅」「智恵子抄」などは、なんの題名？
4 超小型の電子回路。英語で略すとIC
5 道路上の軌道を走る電車
6 安全にドライブするため、十分にとることが大切
7 離れたり集まったりすること
8 あたり一面に散らばること。君の部屋、ゴミが○○してはいませんか？
9 大気の強い乱れ。飛行機がこれに巻き込まれると大変
10 その時々の条件によって動きが変わる様子。情勢などが不安定で変化しやすい様子
11 ピタリと当たること。予想が○○する
12 このパズルを解いている君はこれですよね
13 12や高校生による自治組織。小学校では児童会、大学では学生自治会
14 普通「　」などの記号で囲みます
15 ⇔口語文
16 単行本より一回り小さいサイズで単行本より安く売られます
17 物事の根本的なことと、そうでないこととを取り違えること
18 逆立ち
19 選挙で当選するには、まず、これをしないと
20 小児用の自転車の後輪に取り付ける小さな車輪
21 大勢の人が順番を決めてかわるがわることにあたる
22 相撲の○○、長者○○
23 自分にしっかりした考えがなく、たやすく他人の意見に賛成すること
24 同じであること。1つのものであること

5月号学習パズル当選者

全正解者66名

★田口　広樹くん（東京都新宿区・中3）
★園田　直宏くん（神奈川県大和市・中2）
★持田　久美くん（埼玉県草加市・中2）

応募方法

●必須記入事項

01　クイズの答え
02　住所
03　氏名（フリガナ）
04　学年
05　年齢
06　右のアンケート解答
「ハリー・ポッター展」、「深海展」、「レオ・レオニ展」、「大妖怪展」（詳細は77ページ）の招待券をご希望の方は、「○○展招待券希望」と明記してください。

◎すべての項目にお答えのうえ、ご応募ください。
◎ハガキ・ＦＡＸ・e-mailのいずれかでご応募ください。
◎正解者のなかから抽選で３名の方に図書カードをプレゼントいたします。
◎当選者の発表は本誌2013年9月号誌上の予定です。

●下記のアンケートにお答えください。

A今月号でおもしろかった記事とその理由
B今後、特集してほしい企画
C今後、取り上げてほしい高校など
Dその他、本誌をお読みになっての感想

◆2013年7月15日（当日消印有効）

◆あて先

〒101-0047　東京都千代田区内神田2-4-2
グローバル教育出版　サクセス編集室
FAX：03-5939-6014
e-mail:success15@g-ap.com

国際学院高等学校《こくさいがくいん》

埼玉県北足立郡伊奈町小室
10474
ニューシャトル「志久」徒歩12分
TEL　048-721-5931
URL　http://hs.kgef.ac.jp/

学校説明会

※個別相談会同時開催　要予約
8月3日（土）10:00~11:30
9月21日（土）14:00~15:30
10月19日（土）10:00~11:30
10月26日（土）10:00~11:30
11月17日（日）10:00~11:30
　14:00~15:30
11月23日（土·祝）10:00~11:30
12月14日（土）10:00~11:30
12月22日（日）10:00~11:30

体験入学・部活動体験会　要予約

8月24日（土）10:00~11:30　体験
　13:30~15:30　部活
11月9日（土）10:00~11:30　体験
　13:30~15:30　部活

五峯祭（文化祭）

9月14日（土）10:00~16:00
9月15日（日）10:00~15:00

問題

右の図は，円錐《えんすい》の展開図です。展開図の側面が直径8cmの半円であるとき，以下の手順に従って円錐の体積を求めなさい。

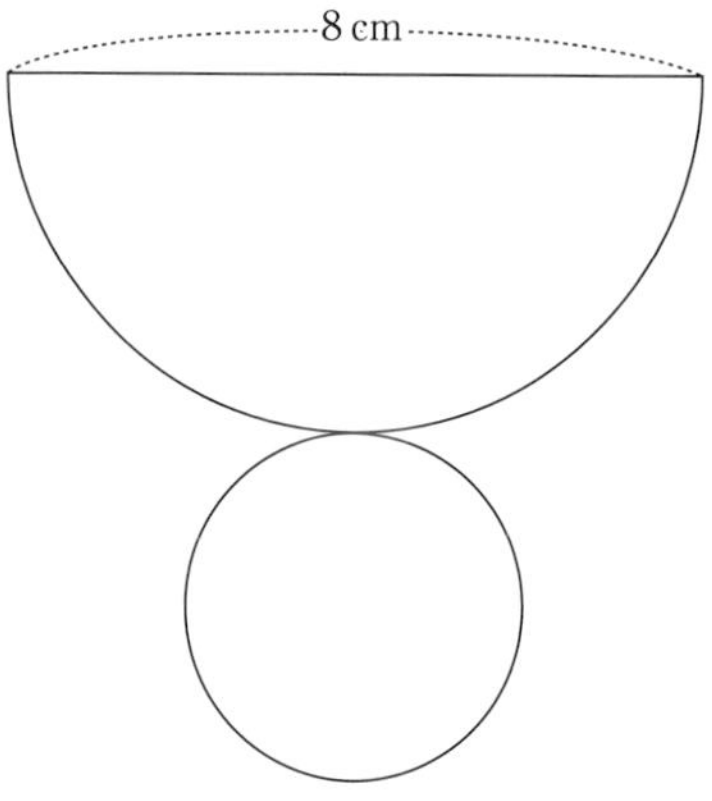

問1　底面の円周の長さは［カ］πcmであるから，底面の円の半径は［キ］cmである。

問2　円錐の高さは［ク］$\sqrt{［ケ］}$cmとなるから，求める円錐の体積は$\dfrac{［コ］\sqrt{［サ］}\pi}{［シ］}$cm^{3}となる。

解答　カ4　キ2　ク2　ケ3　コ8　サ3　シ3

開智高等学校《かいち》

埼玉県さいたま市岩槻区徳力西
186
東武野田線「東岩槻」徒歩15分
TEL　048-793-1370
URL　http://www.kaichigakuen.ed.jp/koutoubu/

夏期学校説明会

7月6日（土）13:30~
8月3日（土）10:00~
　13:30~
8月24日（土）13:30~

秋期入試説明会

9月21日（土）13:30~
9月28日（土）13:30~
10月26日（土）13:30~
11月2日（土）10:00~
11月16日（土）13:30~
11月23日（土·祝）10:00~　13:30~
12月14日（土）10:00~

問題

2つの関数$y=x+2$…①，$y=\dfrac{12}{x}$…②のグラフがある。大小2つのさいころを同時に投げたとき，大きいさいころの目をx座標，小さいさいころの目をy座標とする点P（x, y）をつくる。このとき，

（ⅰ）点Pが①のグラフ上にある確率を求めなさい。

（ⅱ）点Pが②のグラフと，x軸，y軸にはさまれた部分にある確率を求めなさい。
ただし，②のグラフ上の点は含まないものとする。

解答　（ⅰ）$\dfrac{1}{9}$　（ⅱ）$\dfrac{19}{36}$

私立高校の入試問題に

法《ほう》政《せい》大《だい》学《がく》女《じょ》子《し》高等学校

問題

ある店で，高さが同じで底面の直径がそれぞれ20cm，12cmの円柱形の大小２種類のホットケーキを売った。大のホットケーキを１枚150円，小のホットケーキを１枚90円で売ったところ，大のホットケーキは１日で200枚，小のホットケーキは１日で500枚売れた。大のホットケーキ１枚あたりの材料費を x 円とするとき，次の各問いに答えよ。

(1) 大のホットケーキと小のホットケーキの底面積の比を最も簡単な整数比で表せ。

(2) 小のホットケーキの材料費を x を用いて表せ。

(3) 大のホットケーキと小のホットケーキの1日の利益をそれぞれ x を用いて表せ。

(4) 小のホットケーキの1日の利益が大のホットケーキの1日の利益の1.8倍になった。このとき，x の値を求めよ。

解答 (1) 25：9　(2) $\frac{9}{25}x$　(3) 大30000－200x円，小45000－180x円　(4) x＝50

神奈川県横浜市鶴見区岸谷1-13-1
京浜急行「生麦」徒歩5分
TEL　045-571-4482
URL　http://www.hosei.ac.jp/general/jyoshi/

城《じょう》北《ほく》埼《さい》玉《たま》高等学校

問題

図のように，１辺の長さが１cmの立方体ABCD－EFGHがある。次の問いに答えよ。

(1) ２辺EH，FG上にそれぞれ点S，Tとおく。AS＋ST＋TCの長さの最小値を求めよ。

(2) 面EFGH上に点Pをとり，辺CGを３等分したC側の点をQとする。AP＋PQの長さの最小値を求めよ。

(3) 面EFGH上に点Pをとり，面BCGF上に点Rをとる。AP＋PR＋RDの長さの最小値を求めよ。

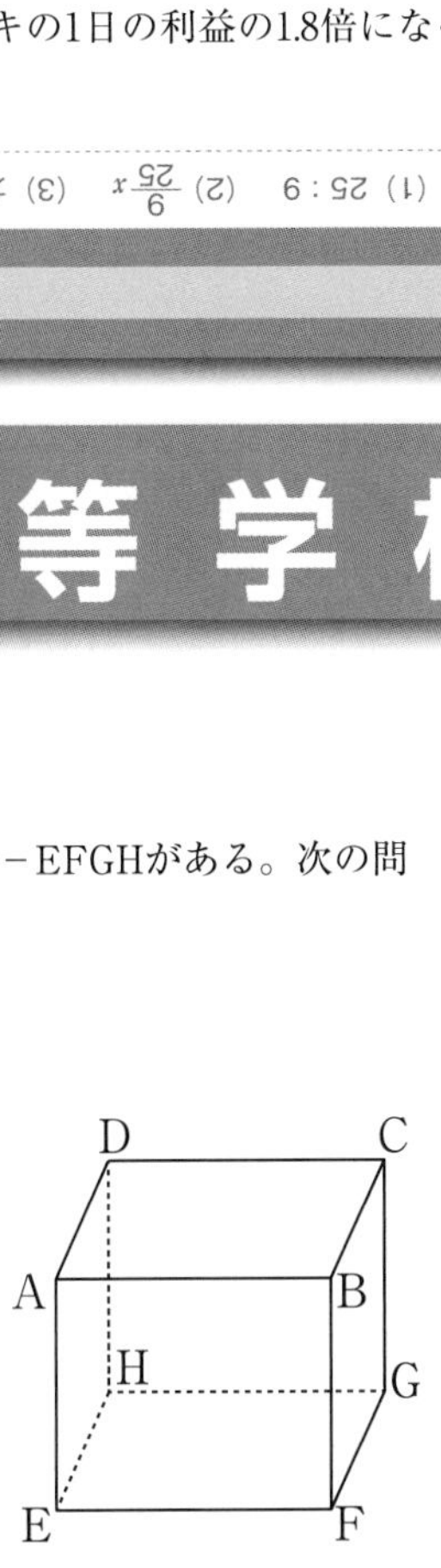

解答 (1) AC＝$\sqrt{10}$ cm　(2) AQ＝$\frac{\sqrt{43}}{3}$ cm　(3) AD＝3cm

埼玉県川越市古市場585-1
JR川越線「南古谷」、東武東上線「上福岡」、西武新宿線「本川越」スクールバス
TEL　049-235-3222
URL　http://www.johokusaitama.ac.jp/

お便りコーナー

サクセス広場

憧れの職業

ケーキ屋さんです。大きなケーキを毎日焼けると思うと顔がにやけてしまいます。
（中1・ぽう！ さん）

医者になるのは無理そうなので、**看護師**の資格をとって、世界中の人のケガや病気を治したいです。
（中3・ナースマンさん）

ローラのスタッフ! かわいいローラを1日中見ることができるって最高だ！
（中2・カランコロン鬼太郎さん）

学校が大好きなので、将来は**学校の先生**になりたいです！
（中2・H・Nさん）

ビルの窓ふきです。高層ビルの窓ふきは怖そうだけどあんなに高いところで働くなんて憧れます。
（中1・ナスちゃんさん）

小学生のときに、家を建ててくれた**大工さん**が格好よすぎたので、将来は大工になりたいです。
（中1・ハリーさん）

ドラマ「HERO」のキムタクのように、事件の真相を見つける**検事**になりたいです。
（中2・スーパーヒーローさん）

こんな習い事やってます!

ピアノを習っています。ピアノの先生の飼っている犬がかわくて、練習に行くというより犬に会いに行く感じですが…。
（中2・ドンドンさん）

英会話塾に通っています。英語の勉強にも役立ちますし、そこでしか会えない別の学校の友だちがたくさんいるので毎回楽しみです。
（中2・バービーさん）

もうやっていませんが、幼稚園生のときから小学校6年生まで**水泳**をやっていました。オリンピックに行くのが夢でした…。
（中1・メダリストさん）

小学生のころから**バイオリン**を習っています。週1だし、そんなにうまくないけれど、勉強のいい気分転換になっています。
（中2・すとらさん）

小学生のときに**習字**に通っていました。友だちや先生から「字、上手だね」と言われると嬉しいです。
（中2・響子さん）

雨の日の過ごし方

雨の日は少しだけ窓を開けて、**雨の音を聴きながら勉強**します。なぜだか集中力がアップします！
（中3・つぶつぶさん）

晴耕雨読です！
（中3・本の友さん）

外に出かけられないので、家族といっしょに家で**映画のDVDを見ますね!**
（中2・るるさん）

雨の日は落ち着いて過ごすに限ります。しとしと降る雨を家のなかで見ながら、**ゆっくりマンガを読む**のが好きです。
（中2・おまけさん）

晴れでも雨でも部活の練習があるので、**部活**です。高校生になったら甲子園に行きたいです。
（中2・中学球児さん）

大体は**パソコンでアニメ**を見ています！ 最近はホラー系にはまりました！
（中1・マリオ専用ザクさん）

募集中のテーマ

「『夏』の好きなところは?」

「2学期の抱負」

「どの時代にタイムスリップしたい?」

応募〆切 2013年7月15日

必須記入事項

A／テーマ、その理由 B／住所 C／氏名
D／学年 E／ご意見、ご感想など

ハガキ、FAX、メールを下記までどしどしお寄せください！
住所・氏名は正しく書いてください!!
ペンネームは氏名のうしろに（ ）で書いてネ!
【例】サク山太郎（サクちゃん）

あて先

〒101-0047 東京都千代田区内神田2-4-2
グローバル教育出版 サクセス編集室
FAX:03-5939-6014 e-mail:success15@g-ap.com

ここにメールしてね!!

success15

ケータイから上のQRコードを読み取り、メールすることもできます。

掲載されたかたには
抽選で図書カードをお届けします!

掲載にあたり一部文章を整理することもございます。個人情報については、図書カードのお届けにのみ使用し、その他の目的では使用いたしません。

アート

大妖怪展
―鬼と妖怪そしてゲゲゲ―

7月6日(土)～9月1日(日)
三井記念美術館

月岡芳年画「新形三十六怪撰 おもゐつづら」(明治時代、国立歴史民俗博物館所蔵)前期：7月6日(土)～8月4日(日)展示

「大妖怪展」の招待券を5組10名様にプレゼントします。応募方法は73ページを参照。

中世～近代までの日本の妖怪世界

中世から近世までの日本の妖怪変化の歴史を、能面・絵巻・浮世絵・版本などの優品でたどり、現代の妖怪を代表する水木しげるの「ゲゲゲの鬼太郎」へとつながる妖怪の系譜を見渡す。能面では鬼神や男女の怨霊の面、絵巻に見られる鬼や天狗。動物や器物などが擬人化された妖怪など、百鬼夜行の世界が広がる。信じるものは見えるという妖怪の世界。夏にぴったりの展覧会だ。

アート

レオ・レオ二展
絵本のしごと

6月22日(土)～8月4日(日)
Bunkamura ザ・ミュージアム 渋谷

「フレデリック」1967年 Frederick ©1967, renewed 1995 by Leo Lionni / Pantheon Works by Leo Lionni, On Loan By The Lionni Family

「レオ・レオ二展」の招待券を5組10名様にプレゼントします。応募方法は73ページを参照。

「自分探しの旅」誘う レオ・レオ二の絵本の仕事

小学校の教科書でだれもが読んだことがある「スイミー」。その作者、レオ・レオ二の展覧会がBunkamuraザ・ミュージアムで開催される。この展覧会では、絵本原画約100点とともに、幻想の植物群を描いた「平行植物」シリーズ、メキシコへの旅の体験を基に描いた「仮面」シリーズなど、油彩や版画、彫刻、資料約30点を出品し、4つのテーマにわけて、生誕100年を迎えたレオ二の「絵本のしごと」を紹介する。

サクセス イベント スケジュール
6月～7月
世間で注目のイベントを紹介

特別展

特別展「深海」
―挑戦の歩みと驚異の生きものたち―

7月6日(土)～10月6日(日)
国立科学博物館

世界初撮影に成功した深海のダイオウイカ ©NHK/NEP/DISCOVERY CHANNEL

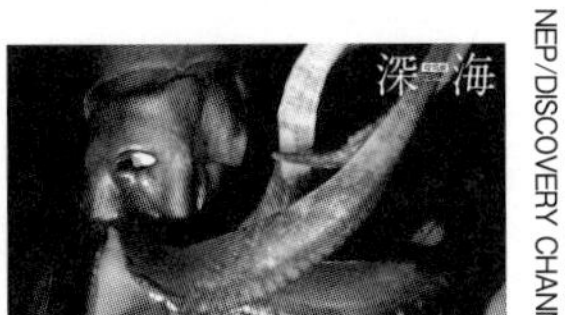

特別展「深海」の招待券を5組10名様にプレゼントします。応募方法は73ページを参照。

「深海」への挑戦の歩みと明らかになる驚異の生きものたち

「人類に残されたフロンティア」と言われ、宇宙とともに謎に満ちた世界である深海。この展覧会では、そんな深海への挑戦の歩みと、それにより明らかになった調査・研究結果が紹介される。有人潜水調査船「しんかい6500」の実物大模型が展示されるほか、約300点もの「深海生物」の標本、全長約５mのダイオウイカの標本など、暗黒・高圧・低温でなかなか知ることのできなかった深海の神秘を知ることができる。

特別展

ハリー・ポッター展

6月22日(土)～9月16日(月・祝)
森アーツセンターギャラリー

©Warner Bros,

「ハリー・ポッター展」のウィークデイ招待券を5組10名様にプレゼントします。応募方法は73ページを参照。

忠実に再現される「ハリー・ポッター」の世界

大人から子どもまで、本や映画で大ヒットした「ハリー・ポッター」シリーズの世界が忠実に再現される。実際に撮影で使われた本物の衣装や小道具をはじめ、ハリーの丸めがねや魔法使いの杖、不思議な生きものなど、展示品は数百点にもおよぶ。また、「クィディッチ」、「薬草の教室」、「ハグリッドの小屋」など、実際に触れて遊ぶことができる体験型の展覧会にもなっている。

～サクセス18のご紹介～

サクセス18は早稲田アカデミーが創った現役生難関大受験専門塾です。

合格おめでとう!!

2013年 大学入試

東京大学 55名合格

過去最高数更新!!

早慶上智大522名合格!

昨年比52%アップ!!

GMARCH理科大769名合格!

※模試受験のみの生徒は一切含まれていません。早稲田アカデミーの平常授業または特別クラス・夏期・冬期東大合宿に在籍し、授業に参加された方のみを対象としております。

京都大・東工大 一橋大・東京外大	難関国立大	早稲田	慶應義塾	上智
36名合格	60名合格	234名合格	123名合格	165名合格

明治	青山	立教
161名合格	84名合格	136名合格

中央	学習院	法政	東京理科
115名合格	45名合格	110名合格	118名合格

東京大学［理科Ⅰ類］合格

早稲田大学［先進理工学部］

石川 晃寛（国立筑波大附属駒場高校）

僕の早稲アカ記

僕が、サクセス18に通い始めたのは高2の春でした。理由は、中学校1年生から3年生まで早稲田アカデミーに在籍していて、独特の雰囲気に慣れ親しんでいたからです。実際に授業を受けてみると、先生の厳しく時には優しい指導や共に授業を受ける仲間と競い合いながら切磋琢磨していく早稲アカならではの雰囲気にどこか懐かしさを覚えたのでした。通っていく中で気づいた早稲アカの良さは、まず、先生の授業内容です。体系づけられた知識をどの教科の先生も丁寧に教えてくれたので、頭の中で整理された知識が身に付きました。それによって培われた基礎は受験への大きな武器になったと思います。もう一つの良さは、やはり仲間の存在です。早稲アカでは学期ごとのシニアテストや、クラス選抜テストなど仲間との競争意識を刺激する機会が多くあり、負けず嫌いの僕としてはそれだけで勉強への意欲が増したように思います。特に、受験直前の東大必勝模試では仲間の中での自分の位置が分かるというのは時には大きな自信、時には努力への契機へとつながりました。そんな多くの人との出会いへと導いてくれた早稲アカによって、この度僕は念願の志望校に合格することができました。本当に早稲アカに通っていてよかったです。ありがとうございました。

東京大学［理科Ⅰ類］合格

慶應義塾大学［理工学部］、早稲田大学［先進理工学部］、上智大学［理工学部］、東京理科大学［理学部］

村松 美夏（国立学芸大附属高校）

早稲アカでよかった!!

私が早稲アカに入ったのは始めは家から近い、というのが動機でした。しかし、入ってみると家から近い以上に早稲アカを選ぶ理由があったことが分かりました。先生たちは話しやすい方ばかりで、授業もちょうどいい人数で、分からないところもその場で聞くことが出来る、目の届きやすい塾だと思います。普段から「調子はどう?」などの声かけもしてくれて頑張るぞ!という気がどんどん湧いてきました。早稲アカはイベントも多く、夏合宿と冬の東大合宿では周りの皆のレベルが高くてこのままではダメだ、という危機感を持つと共に目標が身近に出来ました。直前期の東大テストゼミでは、4週間連続で本番と同じ時間感覚を養ったり、試験問題の中から解けそうなものを吟味する力をつけたりできました。ですが、私は吟味が上手くできず数学でありえない点数を取って不安になったのですが、東大では総合点勝負なので他でカバーできればいい、と開き直ることを学んだことが大きく、本番でも大失敗をしたのですが、総合点勝負だと開き直ることで合格への道が開けたような気がします。失敗してもすぐ切り替えることが大切だと思います。最後になりましたが、今まで支えてくれた両親、先生たち、友人たちにこの場を借りて感謝します。本当にありがとうございました。

東京大学［文科Ⅱ類］合格

早稲田大学［政治経済学部・国際教養学部］、国際基督教大学［アーツサイエンス学部］

金子 萌（私立桜蔭高校）

私の成功要因

私は中学受験の時に早稲アカに通っていたこともあり、高校1年生の冬に体験授業を受け、先生との距離の近さ、アットホームな雰囲気が気に入ってすぐに入塾を決めました。高1、2の間は定期的に目標を定め、F.I.T.を利用して弱点を克服し、英数の基礎固めを行いました。F.I.T.のプリントで自分に必要な部分をピックアップして学び、英数の成績をある程度のレベルまで引き上げられたことが大きなアドバンテージになりました。世界史の授業では、宮林先生の授業中の発問や演習で早い時期から知識を入れることが出来ました。高3になってからは、授業の他に東大必勝講座を受けました。佐野先生の授業では論述に必要な世界史の見方を教えてくださり、1年間通じて受講することで、最終的には世界史の流れが捉えられるようになりました。必勝講座では毎回添削をしてくださり、答案作成力を上げることができました。冬の東大合宿では、夜遅くまで授業添削をしてくださる先生方の姿を見て「私も頑張らなければ」と自分を奮い立たせることができました。直前特講、テストゼミでは丁寧な採点で、合格への大きな指針となりました。また、切磋琢磨しあえる仲間に出会え、刺激を受けることが出来ました。振り返ってみれば、私の受験生活はサクセス18に全面的に支えられていました。高1のあの日、入塾を決めたことが最大の成功要因です。

京都大学［経済学部］合格

慶應義塾大学［経済学部・商学部］、国際基督教大学［教養学部］、上智大学［経済学部］

槇原 耕明（私立武蔵高校）

中3からの通塾で京都大合格!

自分は、中三からサクセス18に通ってましたが、野球部に没頭していたため、高三の七月に部活動を引退してから、本格的に受験勉強を始めました。他の受験生に比べて基礎力が不足していた自分に、先生方は細やかなアドバイスも与えてくださり、感覚に頼って解いていたため出来不出来のムラがあった成績が、安定するようになりました。直前期には記述答案の添削指導を受け、記述力も養うことができました。半年程度の極めて短い時間での合格は、一人一人に親身になって指導するサクセス18だからこそ勝ち取れたものだと思います。先生方には、人一倍面倒をかけたと思いますが、最後まで指導してくださってありがとうございました。また、事務、アシストスタッフの皆さま、早稲アカで知り合えた友人達、声援をくださったファンの皆さまにも感謝したいと思います、ありがとうございました。

一橋大学［法学部］合格

慶應義塾大学［商学部］

本郷 聡史（私立開成高校）

早稲アカにきてよかった!

受験を終えて、私が一番思うことは、受験において重要なことは、受験勉強をなるべく、できるだけ早くはじめることです。私は高校受験を終えてから高1、2まで、本当に一分も勉強せず、ずっと遊んでいました。高3になり受験勉強がはじまり、まず、私は、勉強の習慣をつけることに大変苦労しました。それだけで、受験ではライバルにおくれをとってしまいます。これを読んだ後輩の皆さんは、高1、2のうちに、どんなに短くてもいいので、机に向かい勉強する習慣をつけたほうがいいと思います。後輩のみなさんがんばってください。次に塾での思い出は、なんといっても、夏合宿です。後輩のみなさんは、早稲アカの合宿に対して、きびしそう、つらそうといった、ネガティブなイメージを抱いているかもしれません。実際、私も、合宿に行くまでは、そう思っていました。しかし、そう思っている人々こそ合宿に行くべきです。先生方の熱い指導や、ライバルたちと切磋琢磨することは、後輩のみなさんの第一志望校の合格をきっと導いてくれるでしょう。後輩のみなさんも、今から勉強を始めれば、かならず、合格できるので、是非がんばってください。

早稲田大学［創造理工学部］合格

早稲田大学［商学部］、慶應義塾大学［経済学部・総合政策学部］、上智大学［理工学部］、青山学院大学［理工学部］、法政大学［理工学部］

五井 友梨奈（私立鷗友学園女子高校）

受験で学び後輩にアドバイスしたいこと

理系、文系に関係なくまず英語が重要になってくると思います。文系は言わずもがなですが、理系も英語があまり出来ないで合格するのは難しいと感じました。しかし、高三になると数学と理科を勉強するのに手一杯となり、英語に割ける時間はとても少なくなるので高三になる前に英語は仕上げるのが理想的だと思いました。また受験期に安定して勉強する為には高一、高二での断続した勉強が必要だと思います。定期テストの一、二週間前だけでも良いので赤点とらなければいいやなどの姿勢ではなく、しっかりと勉強すべきです。高三の冬の最後から受験が始まるまでの期間なんとなく勉強に手がつかなくなるときがありました。高三になると皆勉強するので偏差値はあまり伸びないし、そうすると精神的にきつくなってくると思います。あとは全教科をバランスよく並行して勉強することも大切です。自分の苦手な教科や範囲を把握してそこを重点的に勉強し、また他教科にも手をつけておく必要があるのできちんと考えて勉強した方が良いと思います。上記三つのことを書きましたがあくまで私的な意見のため、参考程度にしてください。最後に数学についてとにかく難しい問題でなくていいから解きまくることが良いと感じました。私は青チャートを解きまくってるときが一番力がついたと思います。しかし、難しい問題をじっくり自分だけで根元から理解することも必要だと思うのでそれもバランスをとって勉強することをオススメします。

慶應義塾大学［薬学部］合格

東京理科大学［薬学部］、星薬科大学［薬学部］、北里大学［薬学部］

渡部 佑樹（私立日本大学第二高校）

刺激を得られる環境

入塾した高2の頃は、偏差値は高いものではなく一番基礎のクラスからのスタートでした。慶應など本当に合格できるのかと不安になることもありましたが、今振り返ると、ある程度楽観的になって「大丈夫だろう」と考えるのも大事なことだなと思います。ただ、高3になって自信が持てるほどの成績を取れるようになって余裕が出てきた時には、化学の先生に「結果が全てだぞ」と言われ、また自分の気持ちを改めて引き締めることができました。このような、普段は優しい先生方からの厳しい言葉も自分の力の原点となっています。また、直前期には数学がなかなか上手くいかないようになった時も、解決策を教えて頂いたり、「自分の実力を信じろ」というアドバイスを頂いたりしたので、安心して受験に立ち向かうことができました。受験勉強を開始してからの間、意識の高い友人と協力し合ったり、信頼できるアシストや先生方からのアドバイスを受けたりと充実した日々を送ることができ悔いなく受験を終えることができました。そのような勉強以外でも刺激を受けられる環境で油断なく学習に取り組めたことが合格につながったと思います。本当にありがとうございました。

上智大学［理工学部］合格

明治大学［総合数理学部］、青山学院大学［理工学部］、法政大学［情報科学部］、日本大学［文理学部］、立命館大学［情報理工学部］、成蹊大学［理工学部］

黒木 麻衣（私立鷗友学園女子高校）

受験を終えて

入塾直後、私は学校の勉強にもついていけないほど数学が苦手でした。もちろん、模試の偏差値も上位校を目指すことは到底出来ないようなものでした。そして何より、自分に自信が持てずにいました。そんな状態でのスタートだったので、数学の先生の指示をとにかく守ることを心がけて勉強するうちに、実力が点数になって表れるようになりました。すると、得意な英語もより出来るようになり、高2になる頃にはクラスも上がりました。模試での偏差値も上がってきているのに、それでも常に自信がもてず不安な気持ちでした。物理・化学を勉強し始めた高3には不安は的中し、成績は伸び悩んでしまい、理系を選択したことを後悔し始めていました。そんな私の様子を先生は見抜いておられたのか、テストの解答に「自信を持って!」といつもコメントを下さったり、私の悩みを長い時間をかけて聞いて下さったりすることで、私は不安が解消され勉強に集中できるようになりました。入試直前も、周りの子が仕上がっていく中、自信をなくした私を励まし続けて下さいました。おかげで入試の前には不安がなくなり、乗り切ることが出来ました。この結果を残すことが出来たのは間違いなくこの塾を始めとする私を支えてくれた人たちのおかげです。ありがとうございました。

本気、現役合格

早稲田アカデミー

現役生難関大受験専門塾サクセスエイティーン

SUCCESS18

池袋校　御茶ノ水校　渋谷校　大泉学園校　荻窪校　国分寺校　調布校　新百合ヶ丘校　宮崎台校　大宮校　所沢校　志木校

高1～高3

（中1～中3 中高一貫校在籍）

新入塾生受付中！

教務部高校課

☎03(5954)3581(代)

早稲田アカデミー　検索

「高校生コース」をクリック！

http://www.waseda-ac.co.jp

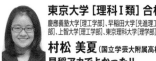

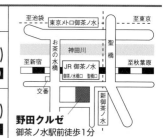

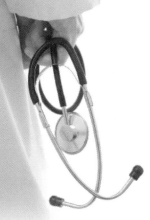

Success15 Back Number

2013
6月号

今年出た！ 高校入試の記述問題にチャレンジ

図書館で勉強しよう

SCHOOL EXPRESS
青山学院高等部

Focus on
東京都立国立

2013
5月号

難関校に合格した先輩たちの金言

英語で読書

SCHOOL EXPRESS
山手学院

Focus on
東京都立戸山

2013
4月号

早大生、慶大生に聞いた早稲田大学・慶應義塾大学

学校クイズ

SCHOOL EXPRESS
東邦大学付属東邦

Focus on
千葉市立千葉

2013
3月号

みんなの視野が広がる！ 海外修学旅行特集

部屋を片づけ、頭もスッキリ

SCHOOL EXPRESS
早稲田実業学校

Focus on
東京都立日比谷

2013
2月号

これで安心 受験直前マニュアル

知っておきたい2013こんな年！

SCHOOL EXPRESS
城北埼玉

Focus on
神奈川県立横浜緑ヶ丘

2013
1月号

冬休みにやろう！ 過去問活用術

お守りに関する深イイ話

SCHOOL EXPRESS
中央大学

Focus on
埼玉県立越谷北

2012
12月号

大学キャンパスツアー特集 憧れの大学を見に行こう！

高校生になったら留学しよう

SCHOOL EXPRESS
筑波大学附属駒場

Focus on
東京都立青山

2012
11月号

効果的に憶えるための9つのアドバイス

特色ある学校行事

SCHOOL EXPRESS
成城

Focus on
神奈川県立柏陽

2012
10月号

専門学科で深く学ぼう

数学オリンピックに挑戦!!

SCHOOL EXPRESS
日本大学第二

Focus on
東京都立両国

2012
9月号

まだ間に合うぞ!! 本気の2学期!!

都県別運動部強豪校!!

SCHOOL EXPRESS
巣鴨

Focus on
千葉県立佐倉

2012
8月号

夏にまとめて理科と社会

入試によく出る著者別読書案内

SCHOOL EXPRESS
國學院大學久我山

Focus on
東京都立西

2012
7月号

高校入試の疑問点15

熱いぜ！ 体育祭！

SCHOOL EXPRESS
開智

Focus on
神奈川県立湘南

2012
6月号

難関校・公立校の入試問題分析2012

やる気がUPする文房具

SCHOOL EXPRESS
専修大学松戸

Focus on
埼玉県立川越

2012
5月号

先輩に聞く 難関校合格のヒミツ!!

「学校クイズ」に挑戦!!

SCHOOL EXPRESS
筑波大学附属

Focus on
東京都立小山台

2012
4月号

私立の雄 慶應を知ろう！

四字熟語・ことわざ・故事成語

SCHOOL EXPRESS
本郷

Focus on
千葉県立千葉東

2012
3月号

いざっ！ 都の西北早稲田へ

勉強が楽しくなる雑学【理科編】

SCHOOL EXPRESS
豊島岡女子学園

Focus on
東京都立三田

2012
2月号

入試直前対策特集

受験生に贈る名言集

SCHOOL EXPRESS
春日部共栄

Focus on
千葉市立稲毛

これより前のバックナンバーはホームページでご覧いただけます（http://success.waseda-ac.net/）

サクセス15 バックナンバー 好評発売中！

How to order バックナンバーのお求めは

バックナンバーのご注文は電話・FAX・ホームページにてお受けしております。詳しくは84ページの「information」をご覧ください。

＜コーナー名＞

＜本文中記事＞

編集後記

今月号の特集「使ってナットク文房具」では、さまざまな文房具を取り上げました。東急ハンズの方の話によると、新しい文房具はほぼ毎日発売されているそうです。

だれしも、文房具を使っているときに少し使いづらいと感じたことがあるのではないでしょうか？　その“少し使いづらい”を解消するために、日々新しい文房具が生まれているんだと、今回の取材をとおして感じました。

自分に合った使いやすい文房具を選ぶことで、ストレスが軽減され、ますます勉強に集中することができるかもしれません。今回の文房具特集を参考に、みなさんも自分にピッタリの文房具を探してみてください。

（N）

Information

『サクセス15』は全国の書店にてお買い求めいただけますが、万が一、書店店頭に見当たらない場合は、書店にてご注文いただくか、弊社販売部、もしくはホームページ（下記）よりご注文ください。送料弊社負担にてお送りします。

定期購読をご希望いただく場合も、上記と同様の方法でご連絡ください。

Opinion, Impression & etc

本誌をお読みになられてのご感想・ご意見・ご提言などがありましたら、ぜひ当編集室までお声をお寄せください。また、「こんな記事が読みたい」というご要望や、「こういうときはどうしたらいいの」といったご質問などもお待ちしております。今後の参考にさせていただきますので、よろしくお願いいたします。

サクセス編集室
TEL 03-5939-7928
FAX 03-5939-6014

高校受験ガイドブック2013 7 サクセス15

発行　2013年6月15日　初版第一刷発行
発行所　株式会社グローバル教育出版
〒101-0047 東京都千代田区内神田2-4-2
TEL　03-3253-5944
FAX　03-3253-5945
http://success.waseda-ac.net
e-mail　success15@g-ap.com
郵便振替　00130-3-779535
編集　サクセス編集室
編集協力　株式会社 早稲田アカデミー

Success15

7月号

Next Issue

8月号は…

Special 1

現役高校生に聞いた夏休みの過ごし方

Special 2

自由研究のすすめ

School Express

中央大学附属高等学校

Focus on

埼玉県立浦和高等学校